"ධම්මෝ හි වාසෙට්ඨා, සෙට්ඨෝ ජනේතස්මිං
දිට්ඨේ චේව ධම්මේ, අභිසම්පරායේ ච."

වාසෙට්ඨයෙනි, මෙලොවෙහි ත්, පරලොවෙහි ත්
ජනයා අතර ධර්මය ම ශ්‍රේෂ්ඨ වෙයි !

- අග්ගඤ්ඤ සූත්‍රය - භාග්‍යවත් බුදුරජාණන් වහන්සේ

නුවණ වැඩෙන බෝසත් කථා - 23
ජාතක පොත් වහන්සේ

(කාසාව වර්ගය)

පූජ්‍ය කිරිබත්ගොඩ ඤාණානන්ද ස්වාමීන් වහන්සේ

© සියලුම හිමිකම් ඇවිරිණි.

ISBN : 978-955-687-138-8

ප්‍රථම මුද්‍රණය : ශ්‍රී බු.ව. 2561 ක් වූ බිනර මස පුන් පොහෝ දින

සම්පාදනය : මහමෙව්නාව භාවනා අසපුව

වඩුවාව, යටිගල්ඔළුව, පොල්ගහවෙල.

දුර : 037 2244602

info@mahamevnawa.lk | www.mahamevnawa.lk

පරිගණක අකුරු සැකසුම, පිටකවර නිර්මාණය සහ ප්‍රකාශනය : මහාමේඝ ප්‍රකාශකයෝ

වඩුවාව, යටිගල්ඔළුව, පොල්ගහවෙල.

දුර : 037 2053300, 076 8255703

mahameghapublishers@gmail.com

මුද්‍රණය : තරංජී ප්‍රින්ට්ස්,

506, හයිලෙවල් පාර, නාවින්න, මහරගම.

ටෙලි: 011-2801308 / 011-5555265

නුවණ වැඩෙන
බෝසත් කථා - 23
ජාතක පොත් වහන්සේ
(කාසාව වර්ගය)

සරල සිංහල පරිවර්තනය

පූජ්‍ය කිරිබත්ගොඩ ඤාණානන්ද ස්වාමීන් වහන්සේ

මහාමේඝ
MAHAMEGHA

ප්‍රකාශනයකි

පෙරවදන

ජාතක පොත් වහන්සේ ඔබ කියවලා ඇති. කුඩා අවධියේත්, පාසලේදීත්, සරසවියේත්, පන්සලේ බණ මඩුවේත්, වෙසක් නාඩගමේත් අපි ජාතක කථා රස වින්දෙමු. නමුත් එහි සැබෑ අරුත කුමක් දැයි තේරුම් ගන්නට අප සමත් වූ වගක් නම් නොපෙනේ.

'නුවණ වැඩෙන බෝසත් කථා' නමින් ඒ ජාතක කථා ඔබේම භාෂාවෙන් ඔබට කියවන්නට ලැබෙන්නේ එයින් ඉස්මතු වන අරුතත් සමඟිනි. මෙහි අරුත් දැන එම කථාවත් මතක තබා ගෙන සත්පුරුෂ ගුණධර්ම දියුණු කර ගන්නට මහන්සි ගන්නේ නම් එය ජාතක කථාවෙන් ඔබට ලැබෙන සැබෑම ප්‍රතිඵලයයි.

හැම දෙනාටම තෙරුවන් සරණයි!

මෙයට,
ගෞතම බුදු සසුන තුළ මෙත් සිතින්,
පූජ්‍ය කිරිබත්ගොඩ ඤාණානන්ද ස්වාමීන් වහන්සේ
ශ්‍රී බුද්ධ වර්ෂ 2560 ක් වූ වෙසක් මස 31 දා

මහමෙව්නාව භාවනා අසපුව
වඩුවාව, යටිගල්ඔළුව,
පොල්ගහවෙල.

පටුන

23. කාසාව වර්ගය

නමෝ තස්ස භගවතෝ අරහතෝ සම්මාසම්බුද්ධස්ස
ඒ භාග්‍යවත් අර්හත් සම්මා සම්බුදුරජාණන් වහන්සේට නමස්කාර වේවා!

01. කාසාව ජාතකය

නුසුදුසු පුද්ගලයෙකු කසාවත දැරීම ගැන කතාව

පින්වතුනේ, පින්වත් දරුවනේ,

ලෝකයේ ඕනෑම දෙයක් නුසුදුසු පුද්ගලයන්ගේ අයිතියට ගිය විට එය පිරිහෙනවා ම යි. නුසුදුසු පුද්ගලයෙකු රටක ප්‍රධානියා වුනොත් ඒ රට පිරිහෙනවා. නුසුදුසු පුද්ගලයෙකු ආයතනයක ප්‍රධානියා වුනොත් ඒ ආයතනය පිරිහෙනවා. ඒ වගේ ම යි නුසුදුසු පුද්ගලයෙකු සිවුරු දරාගෙන ප්‍රධානියෙක් වුනොත් ඔහුගේ ඇසුර ලබන දායකයෝ ශ්‍රද්ධාවෙන්, ශීලයෙන්, ශ්‍රැතයෙන්, ත්‍යාග යෙන්, ප්‍රඥාවෙන් පිරිහී යනවා. මෙය එබඳු කතාවක්.

ඒ දිනවල අපගේ භාග්‍යවතුන් වහන්සේ වැඩ වාසය කොට වදාළේ සැවැත්නුවර ජේතවනයේ. නමුත් මේ කියන සිදුවීම වුනේ රජගහනුවරයි.

එක්තරා අවස්ථාවක අපගේ ධර්මසේනාධිපති සාරිපුත්ත මහරහතන් වහන්සේ පන්සියයක සඟ පිරිසක් සමඟ රජගහනුවර වේළුවනයේ වැඩවාසය කළා. ඔය කාලේ දේවදත්තත් තමන්ට ම ගැලපෙන ශ්‍රද්ධා ශීලාදී

ගුණයක් නැති ලාභයට ම ගිජු වූ භික්ෂු පිරිසක් සමග ගයාවේ ගයා ශීර්ෂයේ විහාරයේ වාසය කළා.

ඔය කාලෙ ම රජගහනුවර වාසය කළ මිනිස්සු කැමති අයගෙන් ආධාර එකතු කරලා මහා දානයක් සංවිධානය කළා. ඔය අතරේ වෙළඳාම් පිණිස පැමිණි වෙළෙන්දෙක් "පින්වත්නි, අනේ එහෙනම් තමුන්නාන්සේලා සංවිධානය කරන දානෙට මේකත් වියදම් පිණිස අරගෙන ඒ පින මට අනුමෝදන් කරන්ට" කියලා ඉතාමත් වටිනා, සුවඳ හමනා කසාවතක් අර මිනිසුන්ට දුන්නා. නගරවැසියෝ ඉතාම ලස්සනට දානේ කටයුතු කළා. දානයට අවශ්‍ය කරන පිරිකර ආදී හැම දේකට ම එකතු කරගත් මුදල් ඇති වුනා. ඒ නිසා වෙළෙන්දා දුන් වටිනා වස්ත්‍රය අලෙවි කරන්ට වුවමනා වුනේ නෑ. මිනිස්සු රැස්වෙලා මෙහෙම කතා වුනා.

"මිතුරනේ, අපිට හරි අගේට දානෙ පිංකම කොරගන්ට ලැබුනා. මේ සුවඳ කසාවත් සලුව ඉතිරි වුනා. අපි මේක කාටද පූජා කොරගන්නේ? අපගේ සාරිපුත්තයන් වහන්සේට ද? නැත්නම් දේවදත්ත තෙරුන්ට ද?"

එතකොට ශ්‍රද්ධාවේ පිහිටි පිරිස මෙහෙම කිව්වා. "අනේ මිතුරනි.... මේ කසාවත් සළුව අපගේ ධර්මසේනාධිපතීන් වහන්සේට හරි අගෙයි. ඒ නිසා අපි මේක උන්නාන්සේට පූජා කොරමු."

දේවදත්තගේ ඇසුරෙන් නොමග ගිය, ධර්මයට නොව ආමිසයට ගරු කළ දායකයෝ මෙහෙම කිව්වා. "නෑ.... නෑ.... එහෙම කොහොමෙයි? හප්පා.... අපගේ දේවත්තයන් වහන්සේ අපට මොනතරම් පිහිටක් ද? දේවදත්තයෝ අපව දමාලා චාරිකාවේ වැඩියේ නෑ.

නිතරම අප සමග ම සිටිමින් අපට මගුල්තුලාවලදී, ඉලව් ගෙවල්වලදී අවවාද අනුශාසනා කරමින් පිහිට වුනා. වෙන කව්දෑ ඒවා කොළේ? සාරිපුත්තයන් වහන්සේ තව ටික දොහකින් තමන් කැමති දිසාවක කොහේ හරි වඩීවි."

"හා.... එහෙනම්.... වැඩි කැමැත්ත බලලා වැඩියෙන් ම පිරිස කැමති තෙරුන්නාන්සේට දෙමු." එතකොට වැඩිපුර සිටියේ දේවදත්තට පක්ෂ වූ පිරිසයි. සැදැහැවත් උපාසකවරු නිශ්ශබ්ද වුනා. දේවදත්තට වටිනා සුවඳ කසාවත ලැබුනා. දේවදත්තට හරි සතුටුයි. ඉතින් ඔහු සිවුරු රෙද්ද කඩවලට කපලා රන්වන් පැහැයෙන් පඬුපොවලා හැඩට පොරොවාගෙන මුළු රජගහනුවර ම දායක පවුල්වල සැපදුක් විමසමින් ගෙවල් ගානේ ඇවිදිනවා.

රජගහනුවර වාසය කළ තිස්නමක් භික්ෂූන් වහන්සේලා චාරිකාවේ නික්මිලා සැවැත්නුවරට පැමිණියා. භාග්‍යවතුන් වහන්සේව බැහැදකින්ට ගියා. ගිහින් වන්දනා කොට පිළිසඳර කතාබහේ යෙදුනා. "ස්වාමීනී.... ඔන්න ඔය විදිහට දේවදත්ත තමාට කිසිම සුදුසුකමක් නැතිව අරහත්ධජය පොරවාගෙනයි මේ හැම දෙයක් ම කරන්නේ" කියලා රජගහනුවරදී වෙච්චි සිදුවීම කිව්වා.

"මහණෙනි, ඔය දේවදත්ත තමන්ට හිමි නැති අරහත් ධජය පොරවාගෙන කටයුතු කළේ මේ ආත්මේ විතරක් නොවේ. ඔයිට කලින් ආත්මෙකත් චීවරය අයුතු පරිහරණයට යෙදුවා" කියලා අපගේ භාග්‍යවතුන් වහන්සේ මේ අතීත කතාව ගෙනහැර දක්වා වදාළා.

"මහණෙනි, ගොඩාක් ඉස්සර කාලෙක බරණැස්පුරේ බ්‍රහ්මදත්ත නම් රජ්ජුරු කෙනෙක් රාජ්‍ය විචාරමින් සිටියා. ඔය කාලේ මහා බෝධිසත්වයෝ හිමාල වනයේ ඇත් කුලේ උපන්නා. අසූ දහසක ඇත් රැළක නායක ඇත්රජා වෙලයි මහාවනේ වාසය කළේ.

ඔය දවස්වල ම බරණැස වාසය කළ එක්තරා දුගී මනුස්සයෙක් ඇත්දළ කැටයම් විකුණන වීදියේ ඇත් දත් කැටයම් කරන තැනකට ගියා.

"පින්වත.... ඇත් දළ ලැබුනොත් ඔයගොල්ලෝ ගන්නවා ද?"

"ඔව්.... මොකෝ තමුසේ ළඟ ඇත් දළ තියෙනවැයි?"

"ඔව්.... ළඟදීම මාත් ඇත්දළ අරං එන්නංකෝ" කියලා ඒ මිනිහා ආයුධයකුත් අරගෙන වනාන්තරේට ගියා. ගිහින් මෙහෙම කල්පනා කළා.

"ම්.... පසේබුදුවරු ඉන්නේ මහා වනාන්තරේ. ඔව්.... මං දැකලා තියෙනවා ඒ ඇත්තන් ළඟ පොඩි එවුන් වගේ මහා දළ ඇත්තු වැඳගෙන ඉන්නවා. එතකොට මටත් කොරන්ට තියෙන්නේ සිවුරක් පොරෝගෙන ඒ විදිහට ඉඳලා හෙමිහිට මරාගෙන දළ කපාගන්න එකයි." මෙහෙම හිතලා මිනිහා සිවුරක් හිස පටන් පොරවාගෙන ගසක් මුල වාඩිවුනා. දැන් වනේ ඉන්න ඇත්තු හිතන්නේ පසේබුදුවරයෙක් කියලා. ඔවුන් මොහුට වන්දනා කරන්ට ගියවිට මරාගෙන දළ කපා ගන්නවා. වීදියට ගෙනිහින් විකුණා ගන්නවා. පස්සෙදී මොහු බෝධිසත්වයන්ගේ පිරිවර ඇත්තුන්ගේ අන්තිමට යන ඇතාවත් මරන්ට

පටන් ගත්තා. ක්‍රමයෙන් ඇත් රැළේ ඇත්තු අඩු වුනා. එතකොට ඇත්තු ගිහින් බෝධිසත්වයන්ට දැනුම් දුන්නා. "මොකක් හෝ කරුණක් නිසා ඇත්තු අඩුවෙවී යනවා" කියලා.

බෝධිසත්ව හස්තියා මේ ගැන හොඳ විමසිල්ලෙන් සිටියා. එතකොට පසේබුදුවරයෙකුගේ වෙස් අරගෙන ඇතුන් යන වීදියේ පුරුෂයෙක් ඉන්නවා දැක්කා. "මේකාවත් ද අපේ ඇත්තුන්ව මරන්නේ? මං මේ ගැන සොයා බලන්ට ඕනෑ" කියලා ඇත්තුන්ව ඉස්සර වෙලා යවලා බෝධිසත්වයෝ අන්තිමට ගියා. එතකොට ඇත්තු දඩයම් කරන මිනිහා සිවුර අස්සෙන් ආයුධය එළියට අරගෙන කොටන්ට පැන්නා.

බෝධිසත්වයෝ සැණෙකින් නැවතිලා 'මේකාව බිමට තලලා මෙතැන ම මරනවා' කියලා හොඬවැලින් මිනිහාව ඇදලා ගනිද්දී මිනිහාගේ ඇගේ දැවටී තිබුන සිවුර හොඳට දැක්කා. දැකලා හොඬය හකුලා ගත්තා. 'හප්පේ.... මේ අරහත් ධජයක් නොවැ තියෙන්නේ. මං මේ සිවුරට ගරු කරන්ට ඕනෑ" කියලා හොඬවැල නැවත හකුලා ගත්තා. මෙහෙම කිව්වා. "එම්බල මිනිස, ඕක අරහත් ධජයක් නොවැ. තෝ මොකොට ද තොට නුසුදුසු දෙයක් පොරවාගෙන ඉන්නේ?" කියලා මේ ගාථාවන් පැවසුවා.

(1)

රාග ද්වේෂ මෝහාදී කෙලෙස් කසට සහිතව නම්
- මේ කහවත පොරවන්නේ
ඉන්ද්‍රිය දමනයක් නැතිව සත්‍ය පසක් කරන්නැතිව
- නම් ඔහු එලෙසින් ඉන්නේ

කසාවතක් පොරවන්නට කිසිම සුදුසුකමක් නැතිව
- ඔහු එය පොරවා ඉන්නේ

(2)

රාග ද්වේෂ මෝහාදී කෙලෙස් කසට නැති උතුමෙකි
- කසාවතක් පොරවන්නේ
ඉන්ද්‍රිය දමනයෙන් යුතුව සත්‍යාවබෝධයෙන් යුතුවයි
- ඔහු එලෙසින් ඉන්නේ
කසාවතක් පොරවන්නට ඒකාන්ත වශයෙන් ඔහු
- සුදුසු ගුණෙන් යුතු වන්නේ

ඉතින් බෝසත් ඇත්රජා අර මිනිහාට මෙහෙම කියලා "දැනගනින් මිනිහෝ.... තෝ මින් මතත මේ පැත්ත පළාතේ එනවා නොවෙයි. ආවොතින් ඒ තොගේ අවසානයයි" කියලා තර්ජනය කරලා පලවා හැරියා.

මහණෙනි, එදා පසේබුදුවරයෙකුගේ වෙස් ගෙන වනවැදී ඇත්තු මර මරා ගිය මිනිහා වෙලා සිටියේ දේවදත්ත. ඒ ඇත් රැළේ නායකයා වෙලා සිටියේ මම යි" කියලා භාග්‍යවතුන් වහන්සේ මේ ජාතකය නිමවා වදාළා.

02. චුල්ලනන්දිය ජාතකය
චුල්ලනන්දිය වඳුරාගේ කතාව

පින්වතුනේ, පින්වත් දරුවනේ,

දේවදත්තගේ අසත්පුරුෂකම අපට හිතාගන්ට බැරිතරම්. ඔහු උත්සාහ කළේ අපගේ භාග්‍යවතුන් වහන්සේගේ ජීවිතය විනාශ කරන්ට ම යි. ඒ ගැන භික්ෂූන් වහන්සේලාත් නිතර කතාබස් කළා. මෙය ඒ ගැනයි.

ඒ දිනවල අපගේ භාග්‍යවතුන් වහන්සේ වැඩවාසයකොට වදාළේ රජගහනුවර වේළුවනයේ. එදා දම්සභා මණ්ඩපයේදී භික්ෂූන් වහන්සේලා දේවදත්තගේ අසත්පුරුෂ ක්‍රියා ගැන මෙහෙම කතා කරමින් සිටියා. "භනේ බලන්ට ඇවැත්නි, දේවදත්තයා මොනතරම් දරුණු බිහිසුණු සාහසිකයෙක් ද? සම්මා සම්බුදු වූ අපගේ භාග්‍යවතුන් වහන්සේව ඝාතනය කරවන්ට මිනිසුන්ව මෙහෙයෙව්වා. ගල් පෙරළුවා. රා පොවලා හෙණ්ඩුවෙන් ඇනලා කෝප ගන්වලා නාලාගිරියාව එව්වා. අපගේ භාග්‍යවතුන් වහන්සේ ගැන දයා කරුණා අනුකම්පා මාත්‍රයක්වත් නැති හැටි!" කියලා.

ඒ අවස්ථාවේදී අපගේ භාග්‍යවතුන් වහන්සේ එතැනට වැඩමවා වදාළා. භික්ෂූන් වහන්සේලා තමන් කතා කරමින් සිටි කරුණ භාග්‍යවතුන් වහන්සේට සැලකළා.

"මහණෙනි, දේවදත්ත තුළ දරුණු, නපුරු - අකාරුණික බිහිසුණු බව තියෙන්නේ මේ ආත්මේ විතරක් නොවේ. ඔයිට ඉස්සර ආත්මෙකත් ඔය විදිහ ම යි" කියා භාග්‍යවතුන් වහන්සේ අතීත කතාව ගෙනහැර දක්වා වදාළා.

"මහණෙනි, ගොඩාක් ඉස්සර කාලෙක බරණැස්පුරේ බ්‍රහ්මදත්ත නමින් රජ්ජුරු කෙනෙක් රාජ්‍ය කරමින් සිටියා. ඔය කාලේ මහාබෝධිසත්වයෝ හිමාලවනයේ නන්දිය නමින් වඳුරෙක් වෙලා හිටියා. මේ වඳුරාට චුල්ලනන්දිය නමින් තමන්ට බාල තව සහෝදර වඳුරෙක් හිටියා. මේ දෙන්නා අසූ දහසක වානර සේනාවක් පිරිවරාගෙන හිමාල වනයේ වාසය කරන අතරේ තමන්ගේ අන්ධ වානර අම්මාටත් උපස්ථාන කළා. ඔවුන් මව් වැඳිරිව රුක්පඳුරක් අස්සේ ඉන්ට සලස්වලා වනේ ගොහින් එලවැල නෙලාගෙන වෙනත් වඳුරන් අතේ මෑණියන්ට දෙන්ට කියලා එවනවා. එතකොට ඒ එලවැල ගෙනඑන වඳුරෝ ඒවා ඇට දෙන්නේ නෑ. මේ නිසා සාපිපාසාවෙන් පෙළුනු ඈ හොඳටෝම කෙට්ටු වෙලා ඇටයි සමයි පෑදිලා ගියා. බෝධිසත්වයෝ දවසක් සිය මව් වැඳිරියගෙන් මෙහෙම ඇහැව්වා.

"අම්මේ.... අපි ඔයාට තමයි අපට ලැබෙන හොඳ රසවත් ම පළතුරු එවන්නේ. ඉතින් එහෙම වෙලාත් මොකොද මේ හොඳටම කෙට්ටු වෙලා මලානික වෙලා?"

"අනේ.... පුතේ.... මට එහෙම මුකුත් ලැබෙන්නේ නෑ." එතකොට බෝධිසත්වයන්ට මහා සංවේගයෙක් හටගත්තා. "හපොයි.... හරි වැඩක් නොවැ වුනේ. මං මේ පිරිවර පරිහරණය කරගෙන දිගටම ඉන්ට ගියොත් මයෙ

අම්මා මට නැතිවේවි. ඒ නිසා මං පිරිස අතැරලා අම්මාව රැකගන්ට ඕනෑ" කියලා චුල්ලනන්ද නමැති සොයුරු වඳුරා ඇමතුවා.

"මලණ්ඩ, උඹ මේ වානර පිරිවර පරිහරණය කරගෙන හිටිං. මං අපෙ අම්මාව බලාකියාගන්ට ඕනෑ."

"නෑ අයියණ්ඩි.... මටත් මේ පිරිස් පරිහරණයෙන් වැඩක් නෑ. මාත් එනවා අපෙ අම්මාට උපස්ථාන කරන්ට" කියලා දෙන්නාම එක ම අදහසට ආවා. වානර පිරිවර අත්හැරියා. අම්මාවත් අරගෙන හිමාලෙන් බැහැලා පිටිසර පළාතකට ආවා. එක්තරා නුගරුකක වාසයට ඇවිත් අම්මාට ආදරෙන් සලකන්ට පටන් ගත්තා.

ඔය අතරේ බරණැස හිටිය බ්‍රාහ්මණ තරුණයෙක් ශිල්ප හදාරන්ට තක්සිලාවට ගියා. දිසාපාමොක් ආචාරීන් යටතේ හොඳින් සියලු ශිල්ප ඉගෙන ගත්තා. ආපසු ගමට යන්ට සිය ආචාර්යපාදයන්ගෙන් අවසර ගන්ට ගියා. ආචාර්යපාදයෝ ඔහුට මෙහෙම අවවාද කළා.

"පුත්‍රය.... මං දැක්කා. නුඹේ ගතිගුණ හරි මදි. නුඹ මහා නපුරැයි. බිහිසුණු ගති තියෙනවා. ඔය දරුණුකං හැමදාටම හරියන්නේ නෑ. ඕකෙන් නුඹ මහා විපතකට පත්වෙන්ට පුළුවනි. ඒ නිසා ඔය දරුණු ගති අතැරපං. යහපත් මනුස්සයෙක් වගේ වැඩ කරපං" කියාලා අවවාද කරලා පිටත් කෙරෙව්වා.

එතකොට ඔහු ආචාර්යපාදයන් වැඳ බරණැස ගියා. ටික කලකින් පවුල් වුනා. තමන් ඉගෙන ගත් ශිල්පයකින් ජීවත් වෙන්ට බැරිව ගියා. "මං දුනු ඊතල අරගෙන ජීවිතේ ගෙනියනවා" කියලා දඩයම් රස්සාව පටන් ගත්තා. ටික

ටික බරණැස අත්හැරියා. දුනු ඊතලවලින් සන්නද්ධ වෙලා වනාන්තරේට ගියා. මුවන් ආදී නොයෙක් සතුන් දඩයම් කරගෙන ඇවිත් විකුණනවා.

දවසක් මොහු වනේට දඩයමේ ගියා. කිසිම සතෙකුව මරාගන්ට බැරි වුනා. ආපසු හිස් අතින් එද්දී ගමේ ඈත කෙළවරේ නුගරුකක් දැක්කා. "මේකෙවත් මොකෙක්හරි හිටියොත් හොඳා' කියලා නුගරුක දෙසට ගියා.

ඒ වෙලාවේ වඳුරෝ දෙන්නා තමන්ගේ මෑණියන්ට ගඩාගෙඩි කවලා විවේකයෙන් ඉන්ට සලස්වා අතුපතරට වෙලා උන්නේ. වැද්දා ළඟට එනවා දැක්කා. "ආන්න වැද්දෙක් එනවා. අපේ වයසක මෑණියන්ව දැකලා මොනා කරන්ට ද, අපි හැංගෙමු" කියලා අතුපතර අස්සේ හැංගුනා.

ඒ නීච මිනිසා ගස යටට ඇවිත් බලද්දී ඉතාම මහලු දිරාගිය වඳුරු අම්මාව දැක්කා. 'මං මොකොට ද හිස් අතින් යන්නේ. අර වැදිරියක් ඉන්නේ. ඒකිවත් විදලා මරාගෙන යන්ට ඕනැ' කියලා දුනු ඊතල හදාගත්තා.

බෝධිසත්වයෝ ඒක දැක්කා. දැකලා සොයුරු වඳුරාට මෙහෙම කිව්වා. 'අන්න චුල්ලනන්දිය, අර මිනිසා අපේ අම්මාට විදින්ටයි යන්නේ.... බෑ.... බෑ.... ඒක කරන්ට දෙන්ට බෑ. මං ඉස්සරහට යනවා. නුඹ අපේ අම්මාව හොඳින් රැකබලා ගනිං" කියලා අතුපතරින් එළියට ආවා.

"එම්බල මිනිස, අපෙ අම්මාට විදින්ට එපා! ඈට ඇස් පේන්නේ නෑ. ඈ ගොඩාක් වයසයි. මං ඇගේ ජීවිතේ රැක දෙන්ට කැමැතියි. තෝ අපේ අම්මා නොමරා,

මාව මරාපිය" කියලා ඔහුගෙන් ප්‍රතිඥාවක් ගත්තා. ඒය ආසන්නයට ම ඇවිත් වාඩි වුනා. එතකොට අනුකම්පා විරහිත ඒ තුච්ඡ මිනිසා බෝධිසත්වයන්ව විද මැරුවා. ආයෙමත් බෝසතුන්ගේ මෑණියන්ට විදින්ට දුන්න සූදානම් කරගත්තා.

එතකොට අතු අස්සේ හැංගිලා සිටිය චුල්ලනන්දිය ඉස්සරහට පැන්නා. "හා.... හා.... එම්බල මිනිස, අපේ අම්මා මරන්ට එපා. මයෙ වයසක අම්මා එක දවසක් හරි වැඩියෙන් ජීවත් වුනොත් මට ඒ ඇති. මම අම්මාගේ ජීවිතේ වෙනුවට මගේ ජීවිතේ දෙන්නම්. අපි දෙන්නාව මරාගෙන පලයං. හැබැයි අපේ අම්මාට ඉන්ට දීපං. ඇව විතරක් මරන්ට එපා!" කියලා බැගෑපත්ව ඉල්ලා සිටියා. එතකොට ඒ මිනිසා චුල්ලනන්දියගේ යෝජනාවට එකඟ බවක් පෙන්නුවා. චුල්ලනන්දිය ඇවිත් ඒයට ඉදිරියෙන් අත්තේ වාඩිවුනා. එතකොට ඔහු චුල්ලනන්දියවත් විදලා මැරුවා. 'ගෙදර දරුවෝ ඉන්නවා නොවැ' කියලා ඒළඟට ඒ අන්ධ මව් වැඳිරිවත් විදලා බිම හෙලුවා. තුන්දෙනාගෙ ම මළ කඳන් කදේ තියාගෙන ගෙදරට පිටත් වුනා.

ඒ පව්ටු අසත්පුරුෂයා යද්දි ගෙදරට හෙණයක් වැදිලා බිරිඳයි ළමයි දෙන්නයි ගේ ඇතුලේ ම ගින්නට පිච්චිලා මැරිලා. ගෙයි දොරකොඩ කණුවක් විතරක් ඉතිරිවෙලා තිබුනා. ගමේ හිටිය මිනිහෙක් "ආං.... උඹේ ගෙට හෙණවැදිලා ඔක්කෝම මැරිලා" කියලා කිව්වා. ඔහුට අඹුදරුවන් නැසුන ශෝකය උහුලාගන්ට බැරිව ගියා. මස් කද එතැන ම අත්හැරියා. ඇඳිවතත් ලිහුනා. නිරුවතින් ම හිස අත් බැඳගෙන මහා හඬින් වැලපීගෙන ගෙට දිව්වා. එතකොට දොරකඩ කණුවේ වැදිලා ඒ කණුව හිසමත වැටුනා. ඔලුව පැලුනා. බිම වැටෙද්දී පොළොව

පැලී විවර වුනා. අවීචියෙන් ගිනිදැල් උඩට ආවා. ඒ ගිනි දැලින් අර පාපී පුද්ගලයාව වෙලා ගන්නකොට තම ආචාර්යපාදයන් වූ පාරාසරිය බ්‍රාහ්මණයා තමන්ට දුන් අවවාදය මතක් වුනා. හඬා වැලපෙමින් මේ ගාථාවන් කිව්වා.

(1)

අනේ මගේ පාරාසරිය ගුරුදේවයෝ
- කලින් ම මට කිව්ව නේද
උඹේ දරුණු වධකගතිය හිතෙන් වහාම අතැරපං
- කියලා මට කිව්වා නේද
පස්සේ උඹට මේ නිසා ම දුක් විඳින්ට වේවි
- කියල කරුණාවෙන් කිව්ව නේද
අයියෝ මට දැනුයි ඒක මතක් වෙන්නෙ
- අත්හැරියේ මං ඒ ගුරුවදන් නේද

(2)

යමෙක් කරයි නම් යමක් සිත කය වචනය තුළින්
ඉන් විපාක ලැබෙන විටදී හඳුනාගන්නේ තමන්
හොඳ කෙරුවොත් හොඳ ලැබෙයි
- පව් කෙරුවොත් පව් ඉතින්
වපුරන බීජයට අනුව අස්වනු ලැබෙනවා හොඳින්

මෙහෙම කිය කියා වැලපෙමින් පොළොවේ ගිලී අවීචි මහා නරකාදියේ උපන්නා.

මහණෙනි, එදා අර වඳුරන් තමන්ගේ මව් රැකගැනීම උදෙසා දිවි පුදද්දී ඔවුන් හා බොරුවට එකඟවෙලා අන්තිමේදී තුන්දෙනාව ම මරාගෙන ඒ පවින් අවීචි මහා නරකාදියේ උපන් ඒ පුරුෂයාව සිටියේ දේවදත්ත. ඔහුට පවින් වළකින්ට කියා අවවාද කළ පාරාසරිය බ්‍රාහ්මණ

ආචාර්යවරයා වෙලා සිටියේ අපගේ සාරිපුත්තයෝ. සහෝදර චුල්ලනන්දිය වඳුරා වෙලා සිටියේ අපගේ ආනන්දයෝ. මහලු වැඳිරි මව් වෙලා හිටියේ අපගේ මහා ප්‍රජාපතී ගෝතමී. මහානන්දිය වඳුරා වෙලා සිටියේ මම යි" කියා භාග්‍යවතුන් වහන්සේ මේ ජාතකය ගෙනහැර දක්වා වදාළා.

03. පුටභත්ත ජාතකය
තනියම බත්මුල කෑ මිනිසාගේ කතාව

පින්වතුනේ, පින්වත් දරුවනේ,

මේ මනුෂ්‍යයන්ගේ ගතිගුණ හරි පුදුමයි. සමහර අය තමන් ගැන විතරයි හිතන්නේ. අඩු ගණනේ තමන්ට මහත් සේ ආදරයෙන් ඉන්න කෙනා ගැනවත් හිතන්නේ නෑ. ඒ කියන්නේ ඇතැම් ස්වාමිවරු බිරිඳට ඉතාම ආදරෙයි. නමුත් බිරිඳ තනියම රසවත් කෑම අනුභව කරනවා. ස්වාමියාට කියන්නේ මොකවත් කෑවේ නෑ කියලා. තවත් අය තම බිරිඳට රහසේ තමන් තනියම හොරෙන් කනවා. බිරිඳ කුසගින්නේ ඉන්නවා. වෙනස් නොවන ආදරයෙකින් ඉන්නවා. නමුත් සැමියාට ඒ ගැන කිසි ගානක් නෑ. මෙය එබඳු කතාවක්.

ඒ දිනවල අපගේ භාග්‍යවතුන් වහන්සේ වැඩ වාසය කොට වදාළේ සැවැත්නුවර ජේතවනයේ.

ඔය කාලේ සැවැත්නුවර වැසියෙක් එක්තරා ජනපදවැසියෙකුට ණයක් දුන්නා. මොහු ලබාගත් ණය ආපසු දෙන්නේ නෑ. එතකොට සැවැත්නුවර හිටිය කෙනා තමන්ගේ බිරිඳත් සමඟ ණයකාරයා සොයාගෙන ගියා. එතකොට ණයකාරයාගේ ගෙදර මේ දෙන්නාට කෑම බීම උයලා කන්ට එන්ට කිව්වා. "නෑ.... මිත්‍රය.... මං ආවේ

මගේ ණය ගනුදෙනු පියවාගන්ට යි. ඒක ඉස්සෙල්ලා කතා කරමු."

"අනේ මිත්‍රයා.... මට හරිම දුකයි ඒ ගැන. මේ වෙලාවේ මං හොඳටෝම අමාරුවේ වැටිලා ඉන්නේ. මට ඔහේගේ ණය ගෙවන්ට විදිහක් නෑ. අනේ එහෙනම් බත් ටිකක් කමු. මෙච්චර දුරක් ආපු එකේ."

"බත්.... තමුසෙගේ බත් තමුසෙ කනවා. මං ආවේ ණය අරගෙන යන්ට. මං මෙහේ බත් කන්ට ආවේ නෑ. අපි යනවා" කියලා කේන්තියෙන් ම ගෙදරින් නැගිටලා බිරිඳත් එක්ක ආපසු සැවැත්නුවරට එන්ට පිටත් වුනා. අතරමගදී දෙන්නාට හොඳටෝම බඩගිනි වුනා. ගමන් වෙහෙසයි, ණයට දීපු මුදල් ගන්ට බැරි වීමයි ඔක්කොමත් එක්ක ගොඩාක් ම මහන්සියි. ඔය අතරේ පාරේ යන වෙන කෙනෙක් මේ දෙන්නා දැකලා දුක හිතිලා 'බිරිඳටත් දීලා මේ බත් මුල කන්ට' කියලා බත් මුලක් දුන්නා.

ටික දුරක් ගියාට පස්සේ බිරිඳටවත් නොදී බත් මුල තනියම කන්ට ඕනෑ කියලා මොහුට හිතුනා. ඔහු බිරිඳට මෙහෙම කිව්වා.

"සොඳුරී.... මේ හරියේ ටිකක් හොරහතුරෝ ඉන්නවා වගේ. ඔයා ඉස්සර වෙලා යන්ට. මං හෙමිහිට පස්සෙන් එන්නම්" කියලා බිරිඳව ඉස්සර කරලා පිටත් කෙරෙව්වා. ඊට පස්සේ මොහු මගින් ඉවත්වෙලා බත්මුල තනියම කෑවා. ආයෙමත් ඉක්මනට බිරිඳ ළඟට ගියා.

"අනේ මට හරී බඩගිනියි මෙයා. කෝ.... අර බත්මුලක් අපට ලැබුනා නේද.... අපි කොහේ හරි වාඩිවෙලා ඒක කමු නේද?"

"හනේ.... ඒ මිනිහාගේ බොරු.... ඒකා මාව රැවැට්ටුවා. ඒකේ මොකවත් නෑ. ඒක හිස් මුලක්" කියලා කරබාගෙන පිටත් වුනා. එතකොට බිරිඳට ගොඩාක් දුක හිතුනා. "අනේ එතකොට අපේ එක්කෙනා මාව ඉස්සරවෙලා පිටත් කොළේ ඕකට තමා. එහෙනම් තනියම බත් මුල කාලා.... හ්ම්.... දැන් මොනා කරන්ටද" කියලා හිතලා නිශ්ශබ්ද වුනා. පාඩුවේ ගියා.

එදා ජේතවනයේ වැඩ සිටි අපගේ භාග්‍යවතුන් වහන්සේ මේ දෙන්නාව දැක්කා. දෙන්නාට ම සෝවාන් ඵලයට පත්වෙන්ට හේතු සම්පත් තියෙන බව දැකලා ඒ දෙන්නාව මුණ ගැහෙන අදහසින් ජේතවනයේ ගන්ධ කුටිය සෙවනේ වැඩ සිටියා. ඒ දෙන්නාටත් හොඳටෝම මහන්සියි. ජේතවනය පිටුපසින් යන ගමන් 'අපි වතුර ටිකක් බීලා යමු' කියලා ජේතවනයට ගිහින් වතුර බීලා යන්ට හදනකොට භාග්‍යවතුන් වහන්සේව දැක්කා. දැකලා ළඟට ගිහින් වන්දනා කළා. භාග්‍යවතුන් වහන්සේ ඔවුන් සමග පිළිසඳර කතාබහේ යෙදුනා. ඊට පස්සේ මෙසේ අසා වදාළා.

"කොහොමද උපාසිකාව.... ඔබ තමන්ගේ ස්වාමියාට හිතවත්ව සෙනෙහසින් ඉන්නවා නේද?"

"අනේ ස්වාමීනී භාග්‍යවතුන් වහන්ස, මං නම් මෙයාට ගොඩාක් ආදරෙන් ඉන්නවා. නමුත් මා ගැන නම් ගානක්වත් මෙයාට නෑ. මං උන්නත් එකයි මළත් එකයි. ස්වාමීනී.... මේ වෙන දවසක සිද්ධියක් නොවෙයි. අද වෙච්චි එකක්.... අද අපි ටිකක් ඈතට ගියා ණය ගනුදෙනුවක් බේරාගන්ට. ඒක හරිගියෙත් නෑ. ආපසු එන අතරේ යහපත් මනුස්සයෙක් 'බිරිඳටත් දීලා කන්ට'

කියලා බත් මුලක් දුන්නා. හොරු ඉන්නවා කියලා මාව ඉස්සරහින් යවලා මෙයා තනියම බත් මුල කෑවා ස්වාමීනී. මං මොනා කරන්ටද! මං ඉතින් බඩගින්නයි, හිතේ දුකයි දෙක ම ඉවසාගෙන මේ ආවේ."

"උපාසිකාව.... හැම කාලෙමත් ඔබ ඔහොම තමා. ඔබ මෙයාට ඉතාම සෙනෙහසින් හිතවත්ව සිටියා. එදාත් මෙයා නම් ඔහොම තමයි. සෙනෙහස තිබුනේ නෑ. නමුත් නුවණැත්තෙකුගේ මැදිහත් වීම නිසා ඔබේ යහපත් ගුණ හඳුනාගත්තා. ඊට පස්සේ එදා මෙයා ඔබට සියලු යස ඉසුරු සම්පත් දුන්නා."

"අනේ ස්වාමීනී.... භාග්‍යවතුන් වහන්ස, එදා අපි දෙන්නා අතර සිදුවූ දේ මොකක්දැයි කියා අපට අනුකම්පාවෙන් වදාරන සේක්වා!" කියලා උපාසිකාව භාග්‍යවතුන් වහන්සේගෙන් ඉල්ලා සිටියා. භාග්‍යවතුන් වහන්සේ අතීත කතාව ගෙනහැර දක්වා වදාළා.

"උපාසිකාව, ගොඩාක් ඉස්සර කාලෙක බරණැස්පුරේ බ්‍රහ්මදත්ත නම් රජ්ජුරු කෙනෙක් රාජ්‍ය කරමින් සිටියා. ඔය කාලේ බෝධිසත්වයෝ බරණැස අමාත්‍ය පවුලක ඉපදිලා පස්සේ කාලෙක රජ්ජුරුවන්ගේ අර්ථධර්මානුශාසක පදවිය හොබවමින් සිටියා.

ඔය රජ්ජුරුවන්ට පුත් කුමාරයෙක් හිටියා. ඒ පුත් කුමාරයා තමන්ට විරුද්ධව කටයුතු කරනවා කියලා දැනගන්ට ලැබුනු රජ්ජුරුවෝ ඔහුව තම රාජ්‍යයෙන් පිටුවහල් කළා. එතකොට ඔහු තමන්ගේ බිරිඳ සමග නගරයෙන් නික්මිලා කාසි ග්‍රාමයේ සාමාන්‍ය පවුලක් හැටියට වෙස් වලාගෙන වාසය කළා. පස්සේ කාලෙක ඔහුට ආරංචි වුනා පියරජතුමා අභාවයට පත් වුනා

කියලා. තමන් සන්තක රාජ්‍යය ලබාගන්ට ඕනෑ කියලා කාසි ග්‍රාමයෙන් බරණැස බලා පිටත් වුනා. අතරමගදි මේ දෙන්නාට බලවත් ලෙස සා පිපාසා ඇති වුනා. එතකොට පාරේ යන මිනිහෙක් 'බිරිඳටත් දීලා මේක කන්ට' කියලා බත්මුලක් දුන්නා. එදා ඔහු තමන්ගේ බිරිඳට නොදී තනියම බත්මුල කෑවා. එදාත් ඈ මහත් සේ දුකට පත් වුනා. නිශ්ශබ්දව ඉවසාගෙන සිටියා.

ඉතින් ඔහු බරණැසට ගියා. බරණැස් රජු බවට පත් වුනා. බිරිඳව අග්‍රමහේෂිකා තනතුරට පත් කළා. එපමණයි. වෙනත් කිසිම සත්කාරයක්, සම්මානයක්, තෑගි භෝගාදියක් ඇට ලැබුනේ නෑ. අඩු ගණනේ යැපෙන්නේ කොහොමද කියලාවත් ඇගෙන් ඇසුවේ නෑ.

බෝසත් අමාත්‍යතුමාට මේක තේරුණා. මහත් සංවේගයක් හටගත්තා. 'අපගේ මේ දේවීන්නාන්සේ රජ්ජුරුවන්ට මොනතරම් ආදරෙන් යුක්ත ද! මොනතරම් සෙනෙහෙවන්ත ද! නමුත් රජ්ජුරුවන්ට ගානක්වත් නෑ. ඇව තුට්ටුවකට මායිම් කරන්නේ නෑ. මං එතුමියට සත්කාර සම්මාන ලැබෙන්ට සලස්වන්ට ඕනෑ' කියලා දේවීන්නාන්සේගේ සමීපයට ගිහින් ගරුසරු දක්වා සිටගත්තා.

"ඇයි ද පියාණෙනි..?"

"දේවී.... අපි අමාරුවෙන් නොවැ දැන් ජීවත් වෙන්නේ. අපිත් දේවීට උපස්ථාන කරනවා. කෝ ඉතින් මහලු පිය කෙනෙක් වූ මට වස්ත්‍ර කැබැල්ලක්වත්, බත් පිඬක්වත් දෙන්ට වටිනවා නොවේද?"

"අනේ පියාණෙනි, මටවත් මොකුත් ලැබෙන්නේ නෑ නොවැ. ඔයාට අපි මොකුත් නොදී ඉන්නවා ද?

ලැබෙන කාලෙ ඉතින් දුන්නා නොවැ. දැන් රජ්ජුරුවෝ මට මොකවත් දෙන්නේ නෑ. අනේ පියාණෙනි, වෙන දෙයක් ඕනෑ නෑ. රාජ්‍ය ලබාගන්ට එන දවසේ අපි දෙන්නා පයින් ආවේ. අතරමගදී බත් මුලක් ලැබුනා. මට නොදී තනියම කෑවා නොවැ."

"හප්පේ.... දේවී.... මහා බරපතල කතාවක් නොවැ ඔය කීවේ. රජ්ජුරුවෝ ඉදිරියේත් ඔය කතාව කියන්ට ඇහැකි ද?"

"ඔව්.... පියාණෙනි.... මං ඔය කීවේ ඇත්තක් ම යි. මට ඒක කියන්ට පුළුවනි."

"එහෙනම් දේවී.... කල් ගන්ට ඕනෑ නෑ. මං අද ම රජ්ජුරුවෝ ඉදිරියේ ඉන්නා විට මං අසද්දී ඔය කතාව කියන්ට. අද ම ඔබතුමීගේ යහපත් ගතිගුණ දැනගන්ට සලස්වන්නම්."

එදා බෝධිසත්වයෝ වේලාසනින් ගොහින් රජ්ජුරුවෝ සමීපයේ සිටගත්තා. දේවීන්නාන්සේත් ඇවිත් රජ්ජුරුවන් ළඟින් ම සිටගත්තා. එතකොට බෝධිසත්වයෝ මෙහෙම කිව්වා.

"අනේ පින්වත් දියණියෙ.... දේවී.... මට හිතෙන්නේ ඔබ හරි කර්කශයි කියලා. කෝ ඉතින් මං වගේ පියතනතුරේ ඉන්න අයෙකුට අඩු ගණනේ වස්ත්‍ර කැබැල්ලක් හරි බත් පිඬක් හරි දෙන්ට වටිනවා නෙවෙද?"

"අනේ පියාණෙනි, අපගේ රජ්ජුරුවන්ගෙන් මටවත් මුකුත් නොලැබෙන එකේ මං ඔයාට මොකක් දෙන්ට ද?"

"ඇයි දේවී.... ඔබ අග්‍රමහේෂිකා තනතුර ලැබූ තැනැත්තියක් නොවේද?"

"ඇත්ත.... මට අග්‍රමහේෂිකා තනතුර ලැබුනා තමයි. නමුත් කිසිම දෙයක් නොලබන මට මේ තනතුරකින් ඇති ඵලය කුමක්ද?"

"ඒ කියන්නේ අපේ රජ්ජුරුවෝ.... ඔබට කිසිම දෙයක් දෙන්නේ නැද්ද?"

"අනේ පියාණෙනි.... දූන් නොලැබෙන දේ ගැන අමුතුවෙන් කියන්ට දෙයක් තියෙනවා ද? ඔබේ රජ්ජුරුවොයි මායි කාලයක් කාසිග්‍රාමයේ අසරණව උන්නා නොවැ. ඊට පස්සේ රජකොම ගන්ට එද්දි අපි පයින් ඇත පළාතෙ හිටං ආවේ. ඉතින් ඔබේ රජ්ජුරුවන්ට 'බිරිඳටත් දීලා මේක කන්ට' කියලා බත් මුලක් ලැබුනා. එදත් ඒ බත්මුලෙන් එක බත් කටක් නොදී තනියම කෑවා."

එතකොට බෝධිසත්වයෝ දෑස් ලොකු කරගෙන නළලේ රැළි නංවාගෙන රජ්ජුරුවෝ දිහා බැලුවා. "හෑ.... හැබෑට.... මහරජ්ජුරුවෙනි.... ඔබේ අතින් එහෙමත් වුනාද!" එතකොට රජ්ජුරුවෝ මොකෝවත් නොකියා කල්පනා හරිතව බිම බලාගෙන හිටියා. රජ්ජුරුවන්ගේ නිශ්ශබ්දතාවය දෙස ටික වේලාවක් බලා සිටි බෝධිසත්වයෝ මෙහෙම කිව්වා.

"එහෙනම් දේවී.... අපේ රජ්ජුරුවන්ට ඔබව අප්‍රිය කාලයේ පටන් මෙහි වාසය කිරීමෙන් ඔබට ලෝකයේ අප්‍රියයන් හා එක්ව සිටීමේ දුක හොඳට ලැබෙන්ට ඇති. එතකොට අපේ රජ්ජුරුවන්ටත් ඔබ සමග වාසය කිරීමෙන් අප්‍රියයන් හා එක්ව සිටීමේ දුක අපූරුවට

ලැබෙන්ට ඇති නේද? මහරජ, මේ ලෝකයේ තමන්ට සලකනවා නම් තමයි තමනුත් සලකන්නේ. තමන්ට ගරු කරනවා නම් තමයි තමනුත් ගරු කරන්නේ. මේ මහත් වූ ලෝක සන්නිවාසයේ හැටි නොවැ" කියලා මේ ගාථාවන් පැවසුවා.

(1)

ගරු කරනා විට තමන්ට තමනුත් ගරු කරයි ඔහුට
ඇසුරු කරන විට තමන්ව තමනුත් ඒ ලෙසයි ඔහුට
ඔහු තමන්ගෙ වැඩ කළවිට තමනුත් එය කරයි ඔහුට
තමන්ට යහපත කළවිට යහපත් දෙය කරයි ඔහුට
ඇසුරු නොකළ විට තමන්ව
- තමනුත් එලෙස ම යි ඔහුට

(2)

අත්හරිනා විට තමන්ව තමනුත් අත්හරියි ඔහුව
ඔහු ගැන කිසිවක් නොසිතා
- සිතින් බැහැර කළොත් ඔහුව
නැත කරන්ට වෙනත් දෙයක්
- අත්හැරලිය යුතුය ඔහුව
කුරුල්ල ඉන්නේ රුඳී ගෙඩි තියෙනා විට ගහේ
ඉගිලී යනවා එයින් ගෙඩි නැතිවූ විට ගහේ
ගස් තිබේ බොහෝ ලොවේ එය මහ සුවිසල් වෙතේ

එතකොට රජ්ජුරුවෝ තමාගෙන් සිදුවූ අඩුපාඩු ගැන මහත් කණගාටුවට පත් වුනා. දේවියට ලැබිය යුතු සියලු ගරු සත්කාර සම්මාන යස ඉසුරු ලැබුනා. එතැන් පටන් දෙන්නා ඉතාම සතුටින් වාසය කළා.

ඉතින් මෙය වදාළ අපගේ භාග්‍යවතුන් වහන්සේ සසරේ ඇති දුක්ඛිත ස්වභාවය පහදා දී චතුරාර්ය සත්‍ය

ධර්මය දේශනා කොට වදාළා. ඒ දේශනාව කෙළවර ඒ සැමියා බිරිඳ දෙදෙනා ම සෝවාන් ඵලයට පත් වුනා.

"එදා රජ්ජුරුවෝ වෙලා සිටියේ මේ උපාසක. දේවී වෙලා සිටියේ මේ උපාසිකාව. නුවණැති ඇමතියා වෙලා සිටියේ මම යි" කියා භාග්‍යවතුන් වහන්සේ මේ ජාතකය නිමවා වදාළා.

04. කුම්භීල ජාතකය
කිඹුලාගේ කතාව

පින්වතුනේ, පින්වත් දරුවනේ,

මේ කතාව ඔබ කලින් අසාත් ඇති. ඒ දිනවල අපගේ භාග්‍යවතුන් වහන්සේ වැඩ වාසය කොට වදාළේ රජගහනුවර වේළුවනයේ. ඔය කාලේ දේවදත්ත නොයෙක් ආකාරයෙන් අපගේ භාග්‍යවතුන් වහන්සේගේ ජීවිතයට හානි කරන්ට මහන්සි ගත්තා. එකක්වත් හරි ගියේ නෑ. භික්ෂූන් වහන්සේලා මේ ගැන කතා කරමින් සිටියදී භාග්‍යවතුන් වහන්සේ එතැනට වැඩම කොට මේ ජාතකය වදාළේ.

"මහණෙනි, බරණැස් නුවර බ්‍රහ්මදත්ත නම් රජ්ජුරු කෙනෙක් රාජ්‍ය කරන කාලේ මහාබෝධිසත්වයෝ වඳුරු රාජයෙක් වෙලා ගංතෙරේ වාසය කළා. බරණැසින් ගලා ගිය ගංගා නම් ගඟේ කිඹුලෙකුයි කිඹුලියකුයි වාසය කළා. දවසක් කිඹුලි බෝසත් වඳුරාව දැක්කා. දැකපු වෙලාවේ කිඹුලිට දොළදුකක් හටගත්තා. "ආන්න අර වඳුරාගේ හදවත මට කන්ට ඕනෑ. නැත්නම් මං මැරෙනවා" කියලා කිඹුලාට බල කර කර නහින්ට හදනවා.

ඉතින් කිඹුලාත් ගංතෙර අනිත් පැත්තේ දූපතේ මිහිරි පලවැල තියෙනවා කියලා වඳුරාව රවටාගෙන

පිට උඩ නංවා ගත්තා. ගඟ මැදට ගියාට පස්සේ කිඹුලා වතුරේ ගිලෙන්ට සූදානම් වුනා. එතකොට වඳුරා කෑ ගහලා කිඹුලාගෙන් ඇහැව්වා. "හෝ.... හෝ.... මොකද කිඹුලෝ මේ.... මට උඹ කිව්වේ අර දූපතට ගෙනියනවා කියලා නොවැ.... ගෙනියපං මාව ඒ දූපතට...."

"හහ්.... දූපතට.... අනේ මෝඩ වඳුරෝ.... තෝව දූපතට ගෙනියන්ට මට ඕනෑකොමක් නෑ.... මගේ මායියාට තොගේ හදවත කන්ට ම ඕනෑ කියනවා. ඒකි නහින්ට හදනවා. මං මේ ඒකිට සප්පායම් වෙන්ට යි තෝව ඇන්න යන්නේ!"

"අයියෝ.... කිඹුලෝ ඕක මට උඹ කලින් ම කියන්ට එපායැ. මං හදවත ගහේ එල්ලලා ආවේ. උඹ දැක්කේ නැද්ද හැබෑට රතට රතේ ජම්බු ගහේ එල්ලිලා තියෙනවා."

එතකොට කිඹුලා ඈත බැලුවා. "හැබෑ නේන්නම්.... අර අපූරුවට තියෙන්නේ...."

"ඕං.... දැක්කනේ.... මාව දැන් එහෙනම් එක්කරගෙන පල. මං හදවතත් අරගෙන එන්නං. එතකොට උඹහැගේ මායියාව සතුටු කොරන්ට බැරියැ."

කිඹුලා ආයෙමත් මෙගොඩට පීනාගෙන ආවා. වඳුරා හනිකට ගහට පැනගත්තා.

"ඈ.... මෝඩයෝ.... වඳුරන්ගේ හදවත් කොයි ගස්වල ද එල්ලෙන්නේ.... මේ.... දැන ගනිං යෝධයෝ.... සත්තුන්ගේ හදවත තියෙන්නේ ඒකුන්නේ සැරීර කූඩුව ඇතුලේ. හා....! දැන් ආ අතක් බලාන පල."

එතකොට මහා දුකට පත් වූ කිඹුලා මේ ගාථාවන් කිව්වා.

(1)

අනේ වඳුරු රජෝ උඹට ලොවේ උතුම් අයට
- තිබෙන සිව් කරුණක් ඇත්තේ
සත්‍යයත්, ධර්මයත්, උත්සාහයත්, ත්‍යාගයත්
- ඉතා හොඳින් නුඹ තුළ පිහිටා ඇත්තේ
එබඳු අයට ලොවේ තිබෙන අර්බුද පරදා
- දිනන්ට හැකියාව ද ඇත්තේ

(2)

ලොවේ තිබෙන උතුම් සොඳුරු මේ ගුණ
- යම් කෙනෙකුන් හට පිහිටා නැති විට
ඔහු නම් නැත ජය ගන්නේ සතුරන්ගේ කරදර ආ විට

මෙහෙම කියලා කිඹුලා යන්ට ගියා. මහණෙනි, එදා බෝසත් වඳුරාගේ හදවත කන්ට ආශාවෙන් සිටිය කිඹුලිය වෙලා සිටියේ චිංචිමානවිකාව. කිඹුලා වෙලා සිටියේ දේවදත්ත. නුවණැති වඳුරු රාජයාව සිටියේ මම යි" කියා භාග්‍යවතුන් වහන්සේ මේ ජාතකය නිමවා වදාළා.

05. ඛත්තිවණ්ණන ජාතකය

ක්ෂත්‍රියවරුන්ගේ ගුණකීම ගැන කතාව

පින්වතුනේ, පින්වත් දරුවනේ,

සමහර පුද්ගලයන් ඉන්නවා ඔවුන් ඉතාමත් හිතවත්. ඔවුන් අතිනුත් සාමාන්‍ය මනුෂ්‍යයන් අතින් සිදුවන ආකාරයේ යම් යම් අඩුපාඩු සිදුවෙනවා. එතකොට ඔවුන්ගේ හිතවත්කමේත්, ඔවුන්ගේ සේවයේ ඇති වටිනාකමත් සලකා බලා ඉවසීමෙන් කටයුතු කරන්ට කියලයි මේ කතාවෙන් කියවෙන්නේ.

ඒ දිනවල අපගේ භාග්‍යවතුන් වහන්සේ වැඩ වාසය කොට වදාළේ සැවැත්නුවර ජේතවනයේ.

එදා පසේනදී කොසොල් රජ්ජුරුවෝ භාග්‍යවතුන් වහන්සේව බැහැදකින්ට ආවා.

"මහරජ.... මොකද අද මහා සිත්තැවුලකින් වගේ?"

"එහෙමයි ස්වාමීනී.... මට මහා සිත්තැවුලකට කරුණක් සිදුවුනා. අපේ අසවල් ඇමතියා මහා බරපතල වැරැද්දක් කොළා නොවැ. බලන්ට ස්වාමීනී.... මේකා.... කිසි භයක් හැකක් නැතිව මගේ අන්තඃපුරේට රිංගලා.... අපේ කුමාරිකාවක් එක්ක පැටලිලා. වැඩේ දුරදිග ගිහින්. මං මේක දැනගෙන ඉවසුවා. ඒකයි භාග්‍යවතුන් වහන්සේව

බැහැදකින්ට ආවේ."

"මහරජ.... ඔය අමාත්‍යයා මං දන්නවා. උන්නැහේ ඔබතුමාට බොහෝම හිතෛෂී කෙනෙක්. රජවාසලේ බොහෝ වගකිවයුතු කටයුතු භාරව ඉන්නා අයෙක් නොවැ. මේ කරුණේදී ඔබතුමා කලබල නොවී ඉවසපු එක බොහෝම හොඳයි. ඉස්සරත් ඔහොම තමයි. ඔවැනි ප්‍රශ්නවලදී පැරණි රජවරුන් ඉවසීම ම පුරුදු කළා. ඉවසීම බොහෝම හොඳ දෙයක් නොවැ."

"අනේ.... ස්වාමීනී භාග්‍යවතුන් වහන්ස, පුරාණ රජදරුවන්ගේ ඒ ඉවසීම ගැන කතාව වදාරණ සේක්වා!" කියලා කොසොල් මහරජු අපගේ භාග්‍යවතුන් වහන්සේට ආරාධනා කළා. භාග්‍යවතුන් වහන්සේ මේ අතීත කතාව ගෙනහැර දක්වා වදාළා.

"මහරජ, ගොඩාක් ඉස්සර කාලෙක බරණැස්පුරේ බ්‍රහ්මදත්ත නම් රජ්ජුරු කෙනෙක් රාජ්‍ය විචාරමින් සිටියා. ඔය කාලේ එක්තරා ඇමතිවරයෙක් බරණැස් රජ්ජුරුවන්ගේ අන්තඃපුර කුමාරිකාවක් දූෂණය කළා. ඒ ඇමතියාගේ සේවකයෙක් තමන්ගේ ගෙදර සේවිකාවක දූෂණය කළා. ඒකට ඇමතියාට හොඳටෝම කේන්ති ගියා. ඇමතිට ඒ සේවකයාගේ වරද ඉවසාගන්ට බැරිව රජ්ජුරුවන් ළඟට ගියා.

"බලන්ට දේවයන් වහන්ස, මං ළඟ වැඩ කරන මට ඉතාම හිතවත්, හැම වැඩක් ම සොයා බලන මගේ ළඟ හිටිය හොඳම එකා. බලන්ට ඒකා කළ වැඩේ. මයෙ ගෙදර සේවිකාවක දූෂණය කොරලා නොවැ. ඒකාට මං මොකක්ද හැබෑට කොරන්ට වටින්නේ?" කියලා මේ ගාථාව කිව්වා.

(1)

අනේ මගේ රජතුමනී හරි වැඩක් නෙ මෙ මට උනේ
සියලුම වැඩ මට කරදෙන සේවකයෙක් උන්නේ
මයේ ගෙදර කෙල්ලක පොළඹාගෙන මූ ඉන්නේ
වැඩේ දුරට ගිහින් නිසා මූට මක් කරන්නේ

(2)

අනේ මගේ ඇමතියෙකුත් ඔය විදිහට
- මට කටයුතු කරනවා
ඒකත් ඔය වගේ ම දූන් බිසෝ කොටුවේ
- මට හොරාට රිංගනවා
රජෙක් වෙලත් ක්ෂත්‍රිය ගුණ සිහිකරලා
- මං මේ ගැන ඉවසනවා
වෙන කොරන්ට දෙයක් නැතේ තොපටත්
- ඉවසන්ට කියා පවසනවා

ඇමතියාට තරු වීසි වුනා. තමන්ගේ හොරවැඩ ගැන රජ්ජුරුවෝ දැනගෙන ඉවසා සිටින බව දැන මහත් සේ තැතිගැනීමටත් ලැජ්ජාවටත් පත් වුනා. එදා පටන් ඒ ඇමතියා අන්තඃපුරයේ පැත්ත පළාතේ ගියේ නෑ. ඒ වරදින් අත්මිදුනා. ඇමතියාගේ සේවකයාත් තමන් ගැන රජ්ජුරුවන්ට කියා ඇති වග දැන ගත්තා. ඔහුත් හොඳටෝම භය වුනා. එදා පටන් ඇමතියාගේ ගෙදර කිසි වරදක් කළේ නෑ.

මහරජ එදා බරණැස් රජ්ජුරුවෝ වෙලා සිටියේ වෙන කවුරුවත් නොවේ, මම යි" කියා භාග්‍යවතුන් වහන්සේ වදාළා. කොසොල් රජ්ජුරුවෝ භාග්‍යවතුන් වහන්සේට තමන් ගැන කියා තියෙනවා කියලා ඇමතියාට ආරංචි වුනා. ඇමතියා හොඳටෝම භය වුනා. එදා පටන්

ඔහු අන්තඃපුරයේ පැත්ත පළාතේ ගියේ නෑ. ප්‍රශ්නය එතැන ම අවසන් වුනා.

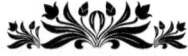

06. කෝසිය ජාතකය

නොකාලයෙහි ගොදුරු සොයා ගිය බකමූණාගේ කතාව

පින්වතුනේ, පින්වත් දරුවනේ,

ඕනෑම දෙයක් කිරීමේදී ඊට අදාළ කාලයක් තියෙනවා. ඒ වගේම නුසුදුසු කාලයකුත් තියෙනවා. නුසුදුසු අවස්ථාවේ කරන්ට ගිය දේවල්වලින් කිසිසේත් අපේක්ෂා නොකළ පාඩු සිදු වෙනවා. අර්බුද හටගන්නවා. විසඳාගත නොහැකි ආරවුල් හටගන්නවා. නුසුදුසු අවස්ථාවේ යුද්ධයකට පැටලෙන්ට ගිය කොසොල් රජතුමා භාග්‍යවතුන් වහන්සේ නිසා එය විසඳාගත් ආකාරයයි මේ කතාවෙන් කියවෙන්නේ.

ඒ දිනවල අපගේ භාග්‍යවතුන් වහන්සේ වැඩ වාසය කොට වදාළේ සැවැත්නුවර ජේතවනයේ.

ඔය කාලයේ කොසොල් රජ්ජුරුවන්ගේ රාජධානියේ ඈත එපිට ප්‍රදේශයක කැරැල්ලක් හටගත්තා. රජ්ජුරුවන්ගේ හමුදාව ගිහින් දෙතුන් වතාවක් යුද්ධ කොට කැරැල්ල මැඩපවත්වන්ට උත්සාහ කළා. ඒත් බැරි වුනා. එතකොට කැරැල්ල මැඩපවත්වන්ට අපහසුයි කියලා රජ්ජුරුවන්ට පයිංඩයක් එව්වා. මේ හොඳටම වහින කාලයයි. රජ්ජුරුවෝ වැස්සේ ම සිවුරඟ සේනාව

සංවිධානය කොට පිටත් වෙන්ට සූදානම් වෙලා ජේතවනය සමීපයේදී සේනාව කඳවුරු බන්දලා මෙහෙම හිතුවා.

'කැරැල්ල මැඩපවත්වන්ට අමාරුයි කියලා පයිංඩේ ආවාට මේ යුද්ධයට සුදුසු කාලයක් නොවේ. ඇල දොළ ගංගා හැම දෙයක් ම පිරිලා. මං මාවත් මඩ වෙලා. වළ ගොඩැලි පිරිලා. ගමන් බිමන් අතිශයින් ම අමාරුයි. මේ ගමනෙන් මං නැති කරදරේක වැටෙන්ට පුළුවනි. මං කෝකටත් භාග්‍යවතුන් වහන්සේව බැහැදකින්ට යනවා. ශාස්තෘන් වහන්සේ මෙලොව පරලොව දෙකින් ම මට අනුකම්පා කොරනවා නොවැ' කියලා භාග්‍යවතුන් වහන්සේව බැහැ දකින්ට ගියා. ගිහින් වන්දනා කොට එකත්පස්ව වාඩිවුනා.

"මහරජ.... මේ මහා දහවලින් ම සන්නාහයෙන් සැරසිලා කොහේ යන ගමන් ද?"

"ස්වාමීනී භාග්‍යවතුන් වහන්ස, අපේ රාජධානියේ ඈත පළාතක කැරැල්ලක්. මං වේලාසනින් හමුදාව පිටත් කළා. වැඩේ සාර්ථක වෙලා නෑ. ඊට පස්සේ මට හසුනක් එව්වා. වැස්සේ හරි යන්ට ඕනෑ කියලා මං හිතුවා. ඊට පස්සේ මට ආයෙමත් හිතුනා භාග්‍යවතුන් වහන්සේ වන්දනා කොරගෙන ම යන්ට ඕනෑ කියලා."

"බොහොම හරි මහරජ.... ඉස්සර කාලෙත් නුවණැත්තන්ගේ වචන අහලා නුසුදුසු කාලයේ සේනාව සමග යුද්දෙට යන්ට පිටත් වූ රජවරු ගමන නොගිහින් නැවතිලා තියෙනවා."

එතකොට කොසොල් මහරජ්ජු භාග්‍යවතුන් වහන්සේගෙන් ඒ රජ්ජුගේ කතාව කියාදෙන්ට කියලා

ඉල්ලා සිටියා. භාග්‍යවතුන් වහන්සේ මේ අතීත කතාව ගෙනහැර දක්වා වදාළා.

"මහරජ, ගොඩාක් ඉස්සර කාලෙක බරණැස්පුරේ බ්‍රහ්මදත්ත නම් රජ්ජුරු කෙනෙක් රාජ්‍ය කරමින් සිටියා. ඔය කාලේ මහාබෝධිසත්වයෝ අමාත්‍ය පවුලක ඉපදිලා රජ්ජුරුවන්ගේ අර්ථධර්මානුශාසක පදවිය හොබවන අමාත්‍යයා වෙලා සිටියා.

දවසක් රජ්ජුරුවෝ කැරැල්ලක් මැඩලන්ට මහා වර්ෂාව පවතින අකාලයේ ම සිව්රඟ සෙනඟ රාජ උද්‍යානයේ කඳවුරු බැන්දා. බෝධිසත්වයන්ට හොඳටම තේරුනා මේ පිටත්වෙන්ට හදන්නේ කිසිසේත්ම නුසුදුසු කාලේ කියලා. මේ ගැන රජ්ජුරුවන්ට පහදා දෙන්ට අවස්ථාවක් බලමින් සිටියා.

එතකොට එක්තරා බකමූණෙක් උණ පඳුරක් අස්සේ හැංගිලා ඉන්නවා දැක්කා. මහා කපුටු සේනාවක් ඒ උණපඳුර වට කොට සිටියා 'මේකා එළියට ආවොත් අපි බලාගන්නම්' කියලා. බකමූණා හිරු බැස යනකල් ඉවසාගෙන හිටියේ නෑ. ඒ ගැන නොසලකා ම වේලාසනින් හිරුඑළිය තිබෙද්දී ම උණපඳුර අස්සෙන් එළියට ඇවිත් ඉගිලී ගියා. කපුටු සේනාව බකමූණාව වට කරගත්තා. තුඩින් කොටලා කොටලා බිම හෙළා ගත්තා.

මේ දෙස බලා සිටිය රජ්ජුරුවෝ බෝධිසත්වයන් ඇමතුවා. "පණ්ඩිතයෙනි.... ආන්න.... අර.... දැක්කද.... කපුටු සේනාව වටකරගෙන තුඩින් කොටලා කොටලා බකමූණාව බිමට හෙළාගත්තා නොවැ."

"ඒක තමයි මහරජ.... දැක්ක නේද.... නුසුදුසු

අවස්ථාවේ තමන්ගේ වාසස්ථානයෙන් නික්ම යන කාටත් ඔවැනි භයානක අනතුරුවලට ලක්වෙන්ට ඉඩ තියෙනවා. ඒ නිසා අපි උනත් නුසුදුසු අවස්ථාවේ තමන්ගේ වාසස්ථානයෙන් පිටත යන්ට හොඳ නෑ" කියා මේ ගාථාවන් පැවසුවා.

(1)

නිරිඳුනි යමකට යා යුත්තේ උත්සාහය අපි කළ යුත්තේ
- අවස්ථාව බලලයි
වටපිටාව අනතුරුදායක නම්
- එවිට පිටට අප නොයා යුතුයි
අනතුරු ඇති පරිසරයේ තනිවම
- එළියට යාමෙන් ලැබදෙන්නේ අනතුරයි
එළියට ආ බකමූණා කපුටු රැළට
- මැදි වීමෙන් නැසී ගියේ ඒ නිසයි

(2)

නුවණැත්තා පැරණි අයගෙ වැඩපිළිවෙළ
- විමසාගෙන ඒ ලෙස කටයුතු කරයි
එන අනතුරු වළකාගෙන යන වට පිට හඳුනාගෙන
- හැම දෙයක් ම ජයගනියි
නුවණැති බකමූණා හිරු අවරට ගිය විට
- ඇවිදින් සියලු සතුරු එහි මඩියි
ඒ අයුරින් නිරිඳුනි අපි වටපිට නිසි හඳුනාගෙන
- දිනුම කරා යා යුතුයි

බෝධිසත්වයන්ගේ මේ අවවාද අසා සිටි රජුට තමන් කරන්ට යන කටයුත්තේ බරපතලකම වැටහුනා. මේ නුසුදුසු කාලයේ යුද්ධයට ගියොත් මාත් අමාරුවේ වැටෙනවා කියලා ගමන නැවැත්තුවා.

මහරජ, එදා රජ්ජුරුවෝ වෙලා සිටියේ අපගේ ආනන්දයෝ. නුවණැති ඇමතියා වෙලා සිටියේ මම යි” කියා භාග්‍යවතුන් වහන්සේ මේ ජාතකය නිමවා වදාළා.

07. ගූථපාණක ජාතකය

අසූචි කන කුරුමිණියාගේ කතාව

පින්වතුනේ, පින්වත් දරුවනේ,

අනවශ්‍ය ප්‍රශ්න ඇතිකොට ළාමක සතුටක් ලබන අය ලෝකයේ ඉන්නවා. එබඳු අය තමන්ට අවසානයේ කුමක් ද සිදුවන්නේ කියා සිතන්නේ නෑ. අනුන්ව කරදරේ දමන්ට ගොහින් තමන් ම කරදරේ වැටෙනවා. මෙය එබඳු කතාවක්.

ඒ දිනවල අපගේ භාග්‍යවතුන් වහන්සේ සැවැත්නුවර ජේතවනයේ වැඩ වාසය කොට වදාළේ.

ඔය කාලේ ජේතවනයේ සිට අඩයොදුනකුත් ගව්වක් දුරින් එක්තරා නියම්ගමක් තිබුනා. ඒ කියන්නේ කුඩා නගරයක් තිබුනා. ඒ නියම්ගමේ සැදැහැවත් උපාසකවරු බොහෝ සිටියා. ඔවුන් භික්ෂූන් වහන්සේලාට ඉතාමත් ශ්‍රද්ධාවෙන් නිති දන්පැන් පූජා කළා. ඔය නියම් ගමේ නොන්ඩි ගසමින් යන මිනිහෙක් නොයෙක් ප්‍රශ්න අසමින් දන් වළඳන්ට වඩින පොඩිනමලාවත් අලුත් පැවිද්දන්වත් වෙහෙසට පත් කරනවා. "සත්ව පුද්ගලාදී කෙනෙක් නැත්නම් දන් අනුභව කරන්නෝ කවුරුද? සත්ව පුද්ගලාදී කෙනෙක් නැත්නම් අෂ්ටපානාදිය වළඳන්නෝ කවරහුද? සත්ව පුද්ගලාදී කෙනෙක් නැත්නම් මේ දෙන දන් බුදින්නෝ කවරහුද?" යනාදිය

අසමින් පෙළනවා. මොහුගේ තර්ක විතර්කවලට අලුත් පැවිද්දන්ටත් පොඩිනමලාටත් පිළිතුරු දීගන්ට අමාරුයි. එනිසා මේ ප්‍රශ්නවිචාරක නොන්ඩි මිනිසාට භයේ ඒ පැවිද්දන් කවුරුත් දානය පිණිස ඒ ගම පැත්ත පළාතට යන්නේ නෑ.

දවසක් එක්තරා භික්ෂුවක් දන් වළඳින්ට යන තැන් සඳහා තුණ්ඩු බෙදන තැනට ගියා. "ස්වාමීනී.... අසවල් ගමේ යන්ට දන් තුණ්ඩු කූපන් තාමත් දෙනවා ද?"

"හාපෝ... ඇවැත, ඒ පැත්තපළාතේ වඩින්ට කව්රුත් කැමති නෑ. ඔය ගමේ නොන්ඩිගසන මනුස්සයෙක් ඉන්නවා. ඔහු නොයෙකුත් ප්‍රශ්න ගොත ගොතා ප්‍රශ්න අසමින් දානෙට වඩින උන්නාන්සේලාව වෙහෙසවනවා. උත්තර දීගන්ට බැරි උන්නාන්සේලාට ආක්‍රෝශ පරිභව කරනවා. ඒ නිසා ඒ පළාතට දන් කවුරුවත් වඩින්නේ නෑ."

"ඒක තමයි ස්වාමීනී.... මට ඔය අලකලංචිය දැනගන්ට ලැබුනා. දන් පිළිගන්නා කූපන් මට දෙන්ට. මං ගොහින් උන්දැට පාඩමක් උගන්නලා සුද්ද කරලා දෙන්නම්. ඊට පස්සේ මහණුන්නාන්සේ නමක් දුටු පමණින් පැනලා දුවන්ට වැඩේ සලස්සන්නම්."

"හොහ්.... හෝ.... බොහොම අගෙයි" කියලා අර භික්ෂුවට තෙරුන්නාන්සේ දානෙ කූපන් ලබා දුන්නා.

ඉතින් ඒ භික්ෂුව ඒ නියම්ගමට වැඩියා. සිවුරු පොරවාගෙන පාත්‍රයත් ඇතිව පිණ්ඩපාතෙට පිටත් වුනා. මේ ආගන්තුක භික්ෂුව දැකපු ගමන් චණ්ඩ බැටලුවෙක් වගේ අර නොන්ඩි ගසන මිනිහා වේගයෙන් ආවා. "ඕ....

හෝ.... ශ්‍රමණය.... දැන් ඕං අහන ප්‍රශ්නවලට උත්තර දෙන්ට ඕනෑ."

"උපාසකය.... මං ගමට ගොහින් කැඳ අරගෙන ආසන ශාලාවට එනකල් පොඩ්ඩක් ඉන්නවා ද එහෙනම්."

කැඳත් අරගෙන ආසන ශාලාවට වැඩිය ගමන් ආයෙමත් ඔහු ප්‍රශ්න අසන්ට දුවගෙන ආවා. "උපාසක පොඩ්ඩක් ඉන්ට මං කැඳ වළඳිනකල්...." "උපාසක තව ටිකක් ඉවසාගෙන ඉන්ට මං මේ ආසනශාලාව අමදිනකල්...." "උපාසකය, මට මේ කූපන් එකට අයිති නිවසක් තියෙනවා. මං එතනට ගොහින් දානෙ අරගෙන එනකල් ඉන්ට...." ඊට පස්සේ ඒ භික්ෂුව ඒ ගෙදරට වැඩලා දානේ පාත්‍රය රැගෙන ආවා. "එහෙනම් ඔහේ මේ පාත්තරේ ගන්ට කෝ. හා දැන් එන්ට. මං ඔහේගේ ප්‍රශ්නවලට උත්තර දෙන්ටත් එපායැ" කියලා ගමෙන් පිට වුනා. සිවුර ඒකාංශ කරගත්තා. අර මනුස්සයාගේ අතින් පාත්තරේ තමන්ගේ අතට ගත්තා. එතකොට "ශ්‍රමණය, ඔව් දැන් මං ප්‍රශ්න අහනවා. හැබැයි පැනලා යන්ට බෑ.... මගහරින්ට බෑ. කෙලින් උත්තර ඕනෑ" කියලා ප්‍රශ්න අසන්ට පටන් ගත්තා.

"ඔව්.... මං ඔහේගේ ප්‍රශ්නයට කෙලින්ම පිළිතුරු දෙන්ට තමයි මෙතෙන්ට එක්කරගෙන ආවේ" කියල ඒ භික්ෂුව අර නොන්ඩි මනුස්සයාට එක පහරින් බිම වැටෙන්ට ගැහැව්වා. හොඳට ඇඟපත තැලෙන්ට ගහලා එතැන තිබුන ගොම බෙට්ටකුත් කටේ ඔබලා "හා.... මින් මතත තමුසේ මේ ගමට වඩින එක උන්නාන්සේ කෙනෙකුට හෝ ප්‍රශ්න අහනවා කියලා හිංසා පීඩා කරලා මට අහුවෙන්ට එපා" කියලා ඒ භික්ෂුව පිටත් වෙලා ගියා.

එදා පටන් භික්ෂුවක් දැකපු ගමන් ඒ මිනිහා පලා යනවා. ටික දවසක් යද්දී ඒ භික්ෂුව කළ වැඩේ ගැන භික්ෂූන් වහන්සේලාට දැනගන්ට ලැබුනා. දම්සභා මණ්ඩපයේ රැස්වූ භික්ෂූන් වහන්සේලා මේ ගැන කතා කරමින් සිටියා.

"ඒකයැ ඇවැත්නි.... අසවල් භික්ෂුව හරි වැඩක් නොවැ කොරලා තියෙන්නේ. අසවල් නියම්ගමේ නොන්ඩි මනුස්සයෙක් හිටියේ. ඒ මනුස්සයා ඒ භික්ෂුවගෙනුත් ප්‍රශ්න අහන්ට පටන් අරන්. 'හරි ඔහේගේ ප්‍රශ්නවලට සිත සතුටු වෙන ආකාරයේ පිළිතුරු දෙන්ට තමයි මං ආවේ' කියාලා ගමෙන් පිටට අරගෙන ගොහින් හොඳට ගහලා කටේ ගොමත් ඔබලා ඇවිත්. දැන් උන්නාන්සේනමක් දැක්ක ගමන් උන්දෑ දුවනවලු."

ඒ අවස්ථාවේ භාග්‍යවතුන් වහන්සේ එතැනට වැඩමකොට වදාළා. භික්ෂූන් වහන්සේලා තමන් කතා කරමින් සිටි කරුණ භාග්‍යවතුන් වහන්සේට සැළකළා. භාග්‍යවතුන් වහන්සේ මෙසේ වදාළා.

"මහණෙනි, ඔය භික්ෂුව ඒ මිනිසාට ගවඅසුචි කවලා හිරිහැර කළේ මේ ආත්මේ විතරක් නොවේ. මීට කලින් ආත්මෙකත් ඔය වැඩේ ම කළා" කියා අතීත කතාව ගෙනහැර දක්වා වදාළා.

"මහණෙනි, ඉස්සර කාලේ අංග-මගධ යන රටවාසීන් ඔවුනොවුන්ගේ රටට යද්දී දවසක් ඒ රටවල් දෙකේ සීමාව අතර තියෙන එක්තරා විලක් ළඟ වාසය කළා. සුරා බීලා, මස්මාළු කාලා, උදේ ම යානාවන්වලින් පිටත් වෙලා ගියා. ඔවුන් එතැනින් ගියාට පස්සේ ඔවුන්

එහි මලපහ කොට ගිය අශූචිවල ගඳට ඉව අල්ලාගෙන කුරුමිණියෙක් ආවා. ඔවුන් සුරා බීපු තැන හැලී තිබුනු සුරාව දැකලා පිපාසයෙන් සිටිය කුරුමිණියා ඉස්සෙල්ලාම සුරා බීලා මත් වුනා. වෙරි මතින් ම තෙත අශූචි පිඬක් උඩට නැග්ගා. එතකොට ඒ අශූචිය තෙත නිසා කුරුමිණියගෙ කකුල් එහි එරුණා. එතකොට "හහ්.... හහ්.... මාගේ ශක්තිය දරාගන්ට මේ මහාපොළොවටත් බැහැ නොවැ" කියලා මහා හඬින් කෑ ගැසුවා. ඒ වෙලාවේ එක මද වැගිරෙන ඇතෙක් ඒ පැත්තට ඇවිත් මිනිස් අශූචි ගඳින් හොඳට ම පිළිකුළ ඇති වෙලා හැරිලා යන ගමන් කුරුමිණියා ඒකත් දැක්කා. දැකලා "ඈ.... එම්බල ඇතෝ.... තෝ මට ඔච්චර හයද? හා.... හා.... මොකෝ.... මාව දැකලා පලායන්නේ.... ඇහැක් නම් මාත් එක්ක හටනට වර" කියලා මේ ගාථාව කිව්වා.

(1)

ඇයිද ඇතෝ උඹ මහා සූරවීර එකෙක්
- වෙලත් මොකදෑ මේ දැන්
මං වාගේ සූර වීර එකෙකුගේ
- පහරට හයෙන් නේද යන්නේ දැන්
එම්බල මෙහෙ වරෙන් ඇතා නැවතියන්,
- ඇයි ද බියෙන් පලා යන්නෙ දැන්
අංග-මගධ රටවැසියෝ සියලු දෙනා
- මා මේකා සමග කරන යුද්දෙ බලාපන්

කුරුමිණියා මහ හයියෙන් කියද්දී ඇතාට මෙය ඇසුනා. හොඳට කන් දෙක පළල් කරගෙන අසාගෙන හිටියා. යන ගමන නවතා කුරුමිණියාගේ කිට්ටුවට ගිහින් මේ දෙවෙනි ගාථාව කිව්වා.

(2)

අනේ මෝඩ සත්වයෝ, මං තෝ
- පයින් ගසා මරන්නෙ නෑ
දළ දෙකින් අනින්නෙ නෑ
- සොඬෙන් ගසා දමන්නෙ නෑ
කුණු ගඳ ඇති අශුචි ගොඩේ ඉන්නා
- තෝ අශුචියෙන් ම මරන්නේ

කියලා කුරුමිණියා සිටි තැනට වැටෙන්ට අලි බෙට්ටක් දැම්මා. එතැනට ම මුත්‍රා කළා. එයින් ම ඒ සතා ජීවිතක්ෂයට පත් වුනා. කුංචනාද කරමින් ඇතා වනාන්තරේට ම ගියා.

මහණෙනි, එදා අශුචි කන කුරුමිණියා වෙලා සිටියේ මෙදා ප්‍රශ්න අසමින් උන්නාන්සේලා බිය වද්දමින් සිටි නොන්ඩි මනුස්සයා. තමාගේ ම වසුරු පිඬට යට කොට කුරුමිණියා මරා වනයට ගිය ඇතා වෙලා සිටියේ ඒ භික්ෂුව යි. ඒ කාලේ ඔය කුරුමිණියාගේත් ඇතාගේත් කලහය දැසින් දුටු රුක්දේවතාවෙක්ව එතැන සිටියේ මම යි" කියා භාග්‍යවතුන් වහන්සේ මේ ජාතකය නිමවා වදාළා.

08. කාමනීත ජාතකය

කාමනීත බ්‍රාහ්මණයාගේ කතාව

පින්වතුනේ, පින්වත් දරුවනේ,

මිනිසුන්ගේ සිත් තුළ නොයෙක් දේ ගැන ආශාවන් හටගන්නවා. ඒ ආශාවන් තමන්ගේ සිත් තුළට මහත් තදින් කාවැදී ගිය විට බොහෝ විට ඔවුන්ට ඒ බව වැටහෙන්නේ නෑ. නමුත් තමන් ආශා කළ දෙය තමන්ට අහිමි වූ විටයි ආශාවේ රඟ තේරෙන්නේ. එවිට ඔවුන් තදබල කම්පනයට පත්වෙනවා. එයින් ම රෝගාතුර වෙනවා. එයින් ම මරණයට පත් වෙන්ටත් ඉඩ තියෙනවා. රෝග නිදානය හඳුනාගත් දක්ෂ කෙනෙකුගේ උපකාරයෙන් තමයි ඔවුන්ට සුවපත් වෙන්ට හැකි වෙන්නේ. මෙය එබඳු කතාවක්.

ඒ දිනවල අපගේ භාග්‍යවතුන් වහන්සේ වැඩ වාසය කොට වදාළේ සැවැත්නුවර ජේතවනයේ. ඔය කාලේ සැවැත්නුවර කාමනීත නමින් බ්‍රාහ්මණයෙක් වාසය කළා. දවසක් අපගේ භාග්‍යවතුන් වහන්සේ හිමිදිරි පාන්දර මහා කරුණා සමාපත්තියට සමවැදී ලොව දෙස බලද්දී මේ බ්‍රාහ්මණයාට සෝවාන් ඵලයට පත් වීමේ හේතු සම්පත් ඇතිබව දැක්කා. නමුත් ඒ සඳහා තවම කාලය නොවේ. එයට කාලය එනතුරු භාග්‍යවතුන් වහන්සේ මොහු ගැන මෙබඳු පිළිවෙතක් අනුගමනය කළා.

දවසක් මේ කාමනීත බ්‍රාහ්මණයා අචිරවතී ගඟ අසබඩ කුඹුරක් සඳහා ලොකු ඉඩමක් පිරිසිදු කළා. එතකොට භාග්‍යවතුන් වහන්සේ එතැනට වැඩම කොට මෙසේ අසා වදාළා.

"බ්‍රාහ්මණය, මොකද ඔය කරන්නේ?" "ඕ.... හෝ.... මේ භවත් ගෞතමයෝ නොවැ. මං.... මේ.... කුඹුරකට ඉඩම් කෑල්ලක් සුද්ද කොරනවා." ඔය විදිහට කුඹුර කොටන දවසේ... නියර බඳින දවසේ... හාන දවසේ... වපුරන දවසේ... ගොයම් බණ්ඩිවෙලා තියෙද්දී... කිරි වැදිලා තියෙද්දී... හොඳට රන්වන් පාටට ගොයම් පැහිලා තියෙද්දීත් භාග්‍යවතුන් වහන්සේ එතැනට වැඩියා. එදා කාමනීත බ්‍රාහ්මණයා ගොයම දිහා බලාගෙන සතුටින් හිනාවෙවී ඉන්නවා.

"බ්‍රාහ්මණය, ඔබට අද සතුටුයි වගේ!" "ඕ.... හෝ.... මේ භවත් ගෞතමයෝ නොවැ. මේ කුඹුරේ අස්වැන්න නං පංකාදුයි. මං.... මේ කල්පනා කොළේ හෙට ගොයම් කපන්ටයි. තමුන්නාන්සේත් මේ කුඹුරට ඉඩම සුද්ද කරන වේලේ පටන් මේ පැත්තේ වැඩියා නොවැ.... ඉතින් මගේ අදහස මගේ හොඳ මිත්‍රයෙකු වන තමුන්නාන්සේට මේකේ අස්වැන්නේ පළමු බත පූජා කොරගන්ටයි" කියලා තමන්ගේ සතුට පැවසුවා. ඒ වෙද්දී මේ බ්‍රාහ්මණයා භාග්‍යවතුන් වහන්සේට සැලකුවේ යාළුවෙකු හැටියටයි.

නමුත් එදා සවස මුළු අහස ම කළුකරගෙන බීරුම් කරගෙන මහා ධාරාණිපාත වරුසාවක් වැස්සා. පැය ගණනක් වැස්සා. පාන්දර වනතුරු වැස්සා. එදා රාත්‍රී බ්‍රාහ්මණයාට නින්දක් නෑ. තමන්ගේ ජීවිතේ වගේ රන්වන්ව පැසී තිබුන ගොයමට ආදරෙන් හිටියේ. එළිය

වැටීගෙන එද්දී කුඹුර බලන්ට දිව්වා. ගඟ උතුරා ගිහින් මුළු කුඹුරු යාය ම එක ම සාගරයක් වගේ. වේගයෙන් වතුර ගලා යනවා. මුළු ගොයම ම සැඩපහරට ගසාගෙන ගිහින්. බ්‍රාහ්මණයා පපුවට අත් ගගහා හඬන්ට පටන් ගත්තා. මිනිස්සු ගිහින් බ්‍රාහ්මණයාව ගෙදරට වත්තන් කරගෙන ආවා.

එදා භාග්‍යවතුන් වහන්සේ සැවැත්නුවර පිඬුසිඟා වැඩම කොට දන් වළඳා ඒ බ්‍රාහ්මණයාගේ නිවසට වැඩියා. ශෝක හුලින් පහර කෑ ඒ බ්‍රාහ්මණයා කිසි අස්වැසිල්ලක් නැතිව ඉන්නා හැටි දැක්කා. භාග්‍යවතුන් වහන්සේ ඒ බ්‍රාහ්මණයාට සුත්ත නිපාතයේ සඳහන් කාමයේ ආදීනව ගැන කියැවෙන කාම සූත්‍රය දේශනා කොට වදාළා. ඒ දේශනාව අවසානයේ ඔහු සෝවාන් ඵලයට පත් වුනා.

එදා දම්සභා මණ්ඩපයේ රැස්වූ භික්ෂූන් වහන්සේලා භාග්‍යවතුන් වහන්සේ ඒ බ්‍රාහ්මණයාගේ මිත්‍රයෙකු වශයෙන් සිට මහත් අනුකම්පාවෙන් ඔහුගේ දුක් තැවුල් පහකොට ධර්මය අවබෝධ කරවූ අසිරිය ගැන කතා කරමින් සිටියා. ඒ අවස්ථාවේ අපගේ භාග්‍යවතුන් වහන්සේ එතැනට වැඩම කොට වදාළා. භික්ෂූන් වහන්සේලා තමන් කතා කරමින් සිටි කරුණ භාග්‍යවතුන් වහන්සේට සැළකළා. භාග්‍යවතුන් වහන්සේ මෙසේ වදාළා.

"මහණෙනි, මං ඔය බ්‍රාහ්මණයාව සුවපත් කළේ මේ වතාවේ විතරක් නොවේ. මීට කලින් ආත්මෙකත් මං ඔහුට පිහිට වෙලා තියෙනවා. එදාත් මං ඔහුගේ ශෝකය දුරු කළා" කියා මේ අතීත කතාව ගෙනහැර දක්වා වදාළා.

"මහණෙනි, ගොඩාක් ඉස්සර කාලෙක බරණැස්පුරේ බ්‍රහ්මදත්ත නමින් රජ්ජුරු කෙනෙක් රාජ්‍ය කරමින් සිටියා. ඔය රජ්ජුරුවන්ට පුත්‍රයෝ දෙදෙනෙක් සිටියා. පිය රජ්ජුරුවන්ගේ අභාවයෙන් පස්සේ වැඩිමහල් කුමාරයාට රජකම ලැබුනා. බාල කුමාරයාට යුව රජකම ලැබුනා.

එතකොට රජබවට පත් වැඩිමහල් කුමාරයා මෙහෙම කිව්වා. "මට රජකම වැඩක් නෑ. මට යුව රජකමත් එපා. මං මේ රාජ්‍යතාන්ත්‍රික වැඩවලින් අයින් වෙලා පිටිසර පළාතක ගිහින් පාඩුවේ ඉන්ට කැමතියි" කියලා. සියලු දෙනාගේ ම අකමැත්ත මත රජ්ජුරුවෝ රජකමින් ඉවත් වුනා. යුවරජට රජකම ලැබුනා. ඉතින් රජකම අත්හළ කාමනීත කුමාරයා පිටිසර පළාතකට ගිහින් සිටු ගෙදරක වාසය කළා. නමුත් යම් යම් හේතූන් මත මේ කාමනීත කුමාරයාට ටිකෙන් ටික රජකමට ආශාව ඇති වුනා. සේනාව රැස් කරගෙන ඇවිත් ආපසු රජකම ඉල්ලුවා. බාල සහෝදරයා වන රජතුමා ඔහුට ආපසු රජකම දුන්නා.

දැන් රජබවට පත් වූ කාමනීත රජු අධික රාජ්‍ය ලෝභයකින් පෙළුනා. සියලු රාජ්‍යයන් තමන් සතු කර ගැනීමේ ආශාවෙන් පෙළුනා. අතෘප්තිකර ආශාවකින් පෙළුනා. ඔය කාලේ මහා බෝධිසත්වයෝ තව්තිසාවේ ශක්‍රරාජ පදවිය ලබලයි හිටියේ. දවසක් සක්දෙවිඳු මිනිස් ලොව බලද්දී දඹදිව බරණැස රජවී සිටින මේ කාමනීත රජු අධික ආශාව නිසා මහා කරදරයක වැටෙන්ට යන බව දැක්කා. දැකලා මොහුට ලැජ්ජා කොට මේ භයානක තෘෂ්ණාවෙන් බේරාගන්ට ඕනෑය කියලා තරුණ බ්‍රාහ්මණ වේශයකින් කාමනීත රජු බැහැදකින්ට ආවා.

"හෝ.... ඇයි තරුණය.... තොප මා දකින්ට පැමිණි කරුණ කිමෙක් ද?"

"මහරජාණන් වහන්ස.... ඔබ වහන්සේට මහත් ලාභයක් අත්කර දෙන්ටයි මං ආවේ. මට මහා නගර තුනක් පේනවා. සියලු සැපතින් යුක්තයි. කිරියෙන් පැණියෙන් ඉතිරෙනවා. බොහෝ ඇත් අස් රථ පාබල ඇති, මහත් රන් රිදී ස්වර්ණාලංකාර ඇති, මුතු මැණික් වෛරෝඩි ඇති, මහා සශ්‍රීක රාජ්‍ය තුනක්. ඉතා සුළු උපක්‍රමයකින් මට ඒ තුන් රාජ්‍යය අරන් දෙන්ට පුළුවනි. මං ඒවා ලබාදෙන්ටයි මෙහෙ ආවේ."

"හැ.... හෑ.... හැබෑට ම.... අනේ පුත්‍රය.... අනේ හනික කියාපං.... කවද්ද අපි ඒවා අල්ලගන්ට යන්නේ...?"

"හෙට... මහරජ.... හෙට"

"යසයි.... යසයි.... එහෙනම් පුත්‍රය.... තොප ගොහින් හෙට පාන්දරින් ම වරෙන්."

"යහපති, මහරජ.... හැබැයි එහෙනම් වේලාසනින් ම ලේස්ති කරගෙන තියෙන්ට වේවි" කියලා ඒ තරුණයා මාළිගාවෙන් නික්ම නොපෙනී ගියා.

දැන් කාමනීත රජ්ජුරුවන්ට සතුට වැඩිකමට නින්ද ගියෙත් නෑ. පාන්දරින් ම බෙර හසුරුවලා ඇමතිවරු කැඳෙව්වා. බල සේනා රැස් කෙරෙව්වා. ඇමතිවරු අමතා මෙහෙම කිව්වා.

"අමාත්‍යවරුනි.... අපට දැන් මහා භාග්‍යසම්පන්න අවස්ථාවක් උදාවෙලා තියෙන්නේ. දන්නවානේ දඹදිව තියෙන අග නගර තුනක්. උත්තර පංචාලයන්ගේ කම්පිල්ල නගරය. කෞරවයන්ගේ ඉන්ද්‍රප්‍රස්ත නගරය.

කෛකයන්ගේ කෛක රාජධානිය. මේ තුන ම මගේ යටතට ගන්ටයි මං හදන්නේ. ඊයේ මහා බලසම්පන්න තරුණයෙක් ඇවිත් මට කිව්වා ඉතා සුළු උපක්‍රමයකින් ඒ රාජ්‍ය තුන මට අරන් දෙනවා කියලා. දැන් අපි ඒ තරුණයත් එක්කරගෙන ඒ තුන් රාජ්‍යය ම අල්ලාගන්ට ඕනෑ. කෝ.... වහ වහාම ඔහුව මෙතැනට කැඳවන්ට."

"යහපති... දේවයනි.... ඒ තරුණයාට නවාතැන් දුන් නිවස්න කොතනද තියෙන්නේ?"

"හෑ.... මට ඔහුට නවාතැන් දෙන්ට බැරි වුනා නොවැ."

"එතකොට දේවයෙනි.... ඔහුට නවාතැන් පිණිස කිසියම් මුදලක්වත් දුන්නා ද?"

"හප්පේ.... මට ඒකත් බැරි වුනා නොවැ."

"දේවයන් වහන්ස.... එහෙනම් අපි දැන් ඔහුව හොයාගන්නේ කෙසේද?"

"ම්.... නගර වීදි සෑම තැන ම හැකිතාක් ඉක්මනට සොයා බලව්."

එතකොට ඔවුන් නගරයේ සෑම වීදියක් ම පීර පීර සෙව්වා. සොයාගන්ට බැරි වුනා. රජ්ජුරුවන්ට ඒ බව දැනුම් දුන්නා.

"හනේ.... අයියෝ.... ඒ තරුණයා උදේ එනවා කිව්වා නොවැ. මොකදෑ ආවේ නැත්තේ? හපොයි.... මට ලැබෙන්ට තිබුන රාජ්‍ය තුනක් ම මට නැති වුනාා!" කියලා සිතද්දී මහා ශෝකයක් හටගත්තා. හදවත උණුවෙලා ගිනිගත්තා වගේ වුනා. ඒ ගින්නට ලේ ධාතුව කිපුනා. එයින් ම ලේ බඩයන්ට පටන් ගත්තා. කිසිම රාජ

වෛද්‍යවරයෙකුට කාමනීත රජ්ජුරුවන්ව සුවපත් කරන්ට බැරි වුනා. ඔය විදිහට තුන්හතර දවසක් ගත වුනා.

ආයෙමත් සක්දෙවිඳු තරුණ බ්‍රාහ්මණයෙකුගේ වේශයෙන් මාළිගාවේ දොරකඩට ආවා. "අපේ රජ්ජුරුවන්ට අසාධ්‍යයි කියලා මටත් ආරංචි වුනා. ඕනෑම ලෙඩකට මං ළඟ ප්‍රතිකාර තියෙනවා. දේවයන් වහන්සේට ප්‍රතිකාර කරන්ට ආපු කෙනෙක් කියලා කරුණාකර දැනුම් දෙන්ට."

ඒ පණිවිඩය ඇසූ රජ්ජුරුවෝ මෙහෙම කිව්වා "හපෝ.... වැඩක් නෑ. රාජ වෛද්‍යවරුන්ගේ වෙදකොම හරි ගියේ නැතිකොට මේ කොලු ගැටයෙක් කොහොම ද මට බෙහෙත් කොරන්නේ. ඔන්න ඔය වියදමක් දීලා පිටත් කරහං."

එතකොට තරුණ බ්‍රාහ්මණ වෛද්‍යවරයා මෙහෙම කිව්වා. "අපොයි.... මට ඔය මොකවත් එපා. මට නවාතැන්.... වියදම්.... මුකුත් එපා. කොටින්ම මං වෙදකමේ ගාස්තුවත් ගන්නේ නෑ. මට ඕනෑ ප්‍රතිකාර කරන්ට විතරයි. මාව රජතුමා දකින සේක්වා!" කියලා පණිවිඩේ හැරියා. එතකොට රජතුමා ඔහුට එන්ට කිව්වා.

මේ තරුණ වෛද්‍යවරයා ඇවිත් රජ්ජුරුවන්ට ගරුසරු දක්වා පැත්තකින් සිටගත්තා. "මේ.... මෙයාද වෙද තැන? හ්ම්.... එතකොට ඔහේට ඇහැකි ද මාව සුවපත් කරන්ට?"

එහෙමයි දේවයන් වහන්ස"

"ඔව්... එහෙනම්.... දැන් වෙදකම පටන් ගන්ට."

"හොඳයි දේවයනි.... හැබැයි මට මේ අසනීපයට හේතුකාරක වූ දේ මොකක්ද කියලා පැහැදිලිව දැනගන්ට

ඕනෑ ම යි. ඔබවහන්සේ සප්පායම් වූ දෙයකින් ද? එහෙමත් නැත්නම් පානය කළ දෙයකින් ද? එහෙමත් නැත්නම් නේත්තරා දෙකින් දැකපු දේකින් ද? කන් දෙකින් අසාපු දේකින් ද?"

"දරුව.... මගේ මේ ලෙඩේ ඇසූ දේකින් හටගත්තා කියලයි මට හිතෙන්නේ."

"මොකක්දෑ ඔබවහන්සේට ඇසුනේ?"

"හනේ... බොහෝම ලස්සන බලසම්පන්න තරුණයෙක් මාව බැහැදකින්ට ආවා නොවැ. අනේ මට උත්තර පංචාලයන්ගේ කම්පිල්ල නගරේ, එතකොට කෞරවයන්ගේ ඉන්ද්‍රප්‍රස්ත නගරේ, තව එතකොට කෙකයන්ගේ කෙක රාජධානිය. මේ රාජ්‍ය තුන ම මගේ සන්තකේට අරං දෙනවා කිව්වා නොවැ. ඒ වුනාට මගෙන් ඒ තරුණයාට සෑහෙන වැරැද්දක් වුනා.... මට බැරි වුනා නොවැ ඉන්ට තැනක් හරි.... නවාතැන් පිණිස මිල මුදලක් හරි දෙන්ට. මයෙ හිතේ ඒකාට මං ගැන කේන්ති යන්ට ඇති. වෙනත් රජෙක් ළඟට ගියා වෙන්ට ඕනෑ.... හප්පේ.... මේක මට මතක් වෙද්දී උහුලා ගන්ට බෑ. මට උරුම වෙන්ට තිබුනු මහා සම්පතක් නේද දෙයියනේ මට අහිමි වෙලා ගියේ.... එතකොට මයෙ පපුව හෝස් ගාලා පත්තු වුනා. ඊට පස්සෙයි මේ ලේ අතීසාරේ පටන් ගත්තේ. ඉතින් දරුවෝ උඹට මගේ හිතේ හටගත්තු ආශාව නිසා උපන් මේ ව්‍යාධියට බෙහෙත් කරන්ට ඇහැක?" කියලා මේ ගාථාව පැවසුවා.

(1)

නගර තුනක් මයෙ අතට ම ලැබෙන ලෙසයි
- බඹා මගේ නළලෙ කොටා තියෙන්නේ

පංචාලයන්ගේ නුවරත් කෞරවයන්ගේ නුවරත්
- කෛකයන්ගේ නුවරත්
- නොවෙද මට ලැබෙන්නේ
බරණැස මගෙ රට ම තමයි ඒ නගර තුනට
- ඉහළින් ලොව කැපී පෙනෙන්නේ
මෙයට ආසා කොට ඇතිවුන මගේ ලෙඩේ
- තරුණය නුඹ සනීප කොට දියන්නේ

එතකොට තරුණ වෛද්‍යවරයාගේ වෙස් ගත් සක්දෙවිඳු මෙහෙම කිව්වා. "මගේ රජ්ජුරුවෙනි.... බෙහෙත් ඖෂධවලින් ඔය රෝගය සුවපත් කරන්ට බෑ. ඕකට ප්‍රතිකාර කරන්ට ඕනෑ නුවණ නමැති ඖෂධයෙන්" කියලා මේ ගාථාව පැවසුවා.

(2)

සෝර විෂැති නයෙක් දෂ්ට කෙරුවෝතින්
- මන්ත්‍රවලින් බෙහෙත්වලින්
- කරන්ට පිළියම් ඇත්තේ
යක්ෂ උවදුරක් ආවොත් බලිතොවිලෙන් ඖෂධයෙන්
- පිළියම් කරනට දේවල් ලොව ඇත්තේ
ආශාවෙන් වසඟවෙලා ලෙඩ වූ විට
- ඔවැනි කිසිම පිළියමකින්
- පිහිටක් කිසිවිට නැත්තේ
තණ්හා අකුසලයේ සිත බැසගත් විට
- මන්ත්‍රවලින් බෙහෙත්වලින්
- පිළියම් ලොව කොහි ඇත්තේ

මෙහෙම කියලා බෝසත් සක්දෙවිඳු කාමනීත රජුට මෙහෙමත් කිව්වා. "හරි දේවයන් වහන්ස, ඔය රාජ්‍ය තුනත් ඔබවහන්සේට යම්හෙයකින් ලැබුනොත් රාජ්‍ය හතරක් වෙනවා. එතකොට නගර හතරක රාජ්‍ය

කරද්දී ඔබවහන්සේ එක්වරම සළු හතරකුත් අඳිනවාද? රන් තැටි හතරක බතුත් කනවාද? යහන් හතරක එක්වරම සැතපෙනවාද? නෑනේ. ඒ නිසා මහරජ, තණ්හාවට වසඟ වෙලා සිටීම නුවණැත්තෙකුට වටින්නේ නෑ. තණ්හාව කියලා කියන්නේ සියලු විපත්වලට මුල. ඔය තණ්හාව හොඳටම වැඩි වුනොතින්, එය වැඩි වූයේ යම් පුද්ගලයෙකුගේ සිතේ ද, ඔහුව අටමහානිරයේ, දහසයක් උස්සද නිරයේ, අනෙකුත් අපායවල ඇද ඇද දමන්නේ ඔය තණ්හාව ම තමයි.”

රජ්ජුරුවන්ට තණ්හාවේ ඇති භයානක විපාක ගැන අසද්දී අසද්දී රාජ්‍යලෝභය සිතෙන් පහවී ගියා. ශෝකය දුරුවෙලා ගියා. එතකොට ලෙඩේ සුවපත් වුනා. ලේ බඩයාම නැවතුනා. හදවත සිසිල් වුනා. ඊට පස්සේ බෝධිසත්වයෝ රජ්ජුරුවන්ව පන්සිල්හි පිහිටෙව්වා. එදා පටන් රජ්ජුරුවෝ ලෝභ නැතිව දානාදී පිං කරමින් සතුටින් කල්ගෙව්වා.

මහණෙනි, එදා කාමනීත රජ්ජුරුවෝ වෙලා සිටියේ අද කාමනීත බ්‍රාහ්මණයා. තරුණ වෙස් ගෙන රජ්ජුරුවන්ව තණ්හා ව්‍යාධියෙන් බේරාගත් සක්දෙවිඳුව සිටියේ මම යි” කියා භාග්‍යවතුන් වහන්සේ මේ ජාතකය නිමවා වදාළා.

09. පලාසී ජාතකය

පලාසී පරිබ්‍රාජකයාගේ කතාව

පින්වතුනේ, පින්වත් දරුවනේ,

බුද්ධ කාලේ තාපස පරිබ්‍රාජකයන් අතරේ බොහෝ විට තිබුනේ එකිනෙකා යටපත් කොට සතුටු වෙන ළාමක වාද විවාද පමණයි. එබඳු පිරිසකට කාට හරි එකතු වෙන්ට ලැබුනොත් ඔහුගේ භාග්‍යය එපමණකින් ම අවසන් වෙනවා. ඔහුට තිසරණය සරණ යන්ට ලැබීමට ඇති දුර්ලභ අවස්ථාව අහිමි වෙනවා. අනේකශ්‍රීයෙන් විරාජමානව වැඩ වාසය කළ අපගේ භාග්‍යවතුන් වහන්සේව සියැසින් දැක බලා ගැනීමේ පරම දුර්ලභ අවස්ථාවත් අහිමි වෙනවා. මේ එබඳු කතාවක්.

ඒ දිනවල අපගේ භාග්‍යවතුන් වහන්සේ වැඩ වාසය කොට වදාළේ සැවැත්නුවර ජේතවනයේ.

ඔය කාලේ වාද ඉගෙනගෙන අනුන් සමග වාද කරමින් සතුටු වෙන පලාසී නමැති පරිබ්‍රාජකයෙක් දඹදිව සොළොස් මහාජනපදවල ඇවිද ඇවිද ගියා. මොහුව පරදවාලිය හැකි කිසිම ප්‍රතිවාදියෙකුව තවමත් ඔහුට මුණ ගැහිලා තිබුනේ නෑ. ඉතින් මොහු ඇවිද යන අතරේ සැවැත්නුවරට ආවා. ඇවිදින් මිනිස්සු මැදට ගිහින් මෙහෙම කිව්වා.

"අඩේ.... මේ.... දැනගනිල්ලා..... මං මේ මුළු දඹදිව ම කරග්ගහපු බලවතෙක්. මාත් එක්ක වාදෙට එන්න ඇහැක් ජගතෙක් කොහේවත් නෑ. හරිය.... මේ සැවැත්නුවර කව්දෑ ඉන්නේ?"

එතකොට මිනිස්සු මෙහෙම කිව්වා. "හාපෝ.... මේ කව්ද? ඔහේත් මහා වාදකාරයෙක් කියලද හිතාන ඉන්නේ? දෙපා ඇති සියලු මිනිසුන්ට අග්‍ර වූ, සර්වඥ වූ, ධර්මයට ස්වාමී වූ, සියලු වාද මැඩලන අපගේ භාග්‍යවතුන් වහන්සේට තමුසේ වැනි දහසක් ආවත් ප්‍රශ්නයක් නෑ. අපගේ භාග්‍යවතුන් වහන්සේව ඉක්මවා යන්ට පුළුවන් කවුරුවත් මේ මහාපොළොවේ නෑ ඕං. ඔහේ මුහුද දැකලා තියෙනවැයි. ආන්න ඒ මහා සාගරයේ රළ ගෙඩි වෙරළේ වැදිලා හිට සුනුවිසුනු වෙලා විසිරිලා නැති වෙලා යනවා. ආන්න ඒ වගෙයි වාදකාරයෝ අපගේ භාග්‍යවතුන් වහන්සේ ළඟට ආවොත් වෙන්නේ."

"ඕ.... හෝ.... එහෙමත් එකක් ද? හරි එහෙනම් මාත් එක්කත් හැප්පිලා බලමු කෝ. දැන් කොහේද එයා ඉන්නේ?"

"ඒ අපගේ මහෝත්තම සර්වඥ රාජෝත්තමයන් වහන්සේ වැඩ ඉන්නේ ජේතවනයේ."

"හරි.... මං එහෙට යන්නම්කෝ"

ඉතින් මේ පරිබ්‍රාජකයා භාග්‍යවතුන් වහන්සේත් සමග වාද කොරනවා කියලා මහා ජනකායක් එකතු කරගෙන ජේතවනාරාමයේ මහා දොරටුව ගාවට ගියා.

ජේතවනාරාමයේ ඇතුල්වෙන මහාද්වාර මණ්ඩපය දැක්ක ගමන් පලාසී පිරිවැජියා අඩි කිහිපයක් පස්සට

ගියා. දෑස් විදහාගෙන, කටත් ඇරගෙන, නළල රැළිනංවා බලාගෙන ඉඳලා මෙහෙම ඇහැව්වා.

"හප්පේ.... මේකද ශ්‍රමණ ගෞතමයන් වාසය කරන ප්‍රාසාදේ?"

"නෑ.... මේක ප්‍රාසාදය නොවෙයි. මේ ජේතකුමාරයා නව කෝටියක් රන් කහවණු වියදම් කොට හදාපු ද්වාර මණ්ඩපය යි. ඇතුලට යන්ට එපායැ ආශ්චර්ය බලන්ට. අපගේ භාග්‍යවතුන් වහන්සේගේ සුගන්ධ කුටිය බලන්ට එපායැ...." කියමින් මිනිස්සු ජේතවනාරාමයේ ඇතුලේ විස්තර කියන්ට පටන් ගත්තා විතරයි පලාසියා හොඳටෝ ම භය වුනා. 'මෙහෙම කෙනෙක් එක්ක වාදෙට ගියොත් මං විනාසයි' කියලා එතැනින් ම පලාගියා. මිනිස්සු හිනාවෙමින් උසුළුවිසුළු කරන්ට තියාගත්තා. ඊට පස්සේ මිනිස්සු ජේතවනයට ගිහින් භාග්‍යවතුන් වහන්සේ බැහැදැක වන්දනා කොට එකත්පස්ව වාඩිවුනා. "ඇයි උපාසකවරුනි.... මේ අකාලයේ ආවේ?" එතකොට උපාසකවරු පලාසී පිරිවැජියා ඇවිත් ජේතවන දොරටුව දැකලා පැනලා දිව්ව කතාව භාග්‍යවතුන් වහන්සේට සැළ කළා. භාග්‍යවතුන් වහන්සේ මෙසේ වදාළා.

"උපාසකවරුනි, ඔය පලාසී පිරිවැජියා තථාගතයන් වසන ස්ථානයේ ද්වාර මණ්ඩපය දැකලා භීතියට පත්වෙලා පලායාමේ පුදුමයක් නෑ. පෙර ආත්මෙක මං වාසය කළ තැන දොරටුව දැකලත් පලා ගියා."

"අනේ ස්වාමීනී භාග්‍යවතුන් වහන්ස, ඒ පලාසී පිරිවැජියා කලින් ආත්මෙත් තැති අරගෙන පලාගිය ආකාරය අපට වදාරන සේක්වා!" යි උපාසක පිරිස භාග්‍යවතුන් වහන්සේගෙන් ඉල්ලා සිටියා. භාග්‍යවතුන්

වහන්සේ මේ අතීත සිදුවීම ගෙනහැර දක්වා වදාළා.

"උපාසකවරුනි, ගොඩාක් ඉස්සර කාලෙක ගන්ධාර රටේ තක්ෂිලාවේ මහාබෝධිසත්වයෝ රාජ්‍ය කළා. ඔය කාලේ බරණැස රජ කළ බ්‍රහ්මදත්ත රජ්ජුරුවෝ මහා බල සේනාවක් සමග තක්ෂිලාව ආක්‍රමණය කරන්ට ආවා. නගරයට නුදුරින් සිට "මේ විදිහට ඇත් සේනාව මෙහෙයවාපං, මේ පැත්තෙන් අශ්ව සේනාව මෙහෙයවාපං, මේ පැත්තෙන් රථසේනා, මේ පැත්තේ පාබල සේනා මෙහෙයවාපං, මේ විදිහට ආයුධවලින් පහර දෙව්. මේ විදිහට මහා කලු වළාවක් වගේ ඊතල වරුසාවක් විදපං" කියමින් මේ ගාථාවන් කිව්වා.

(1)

කුංචනාද ගර්ජන ඇති අග්‍ර වළාහක ඇතුන්
- මෙහෙයවපං මෙතැනින්
අග්‍ර සින්ධු කුලේ, අශ්ව සේනාවෝ ගම්භීර ලෙසින්
- මෙහෙයවපං මෙතැනින්
සාගර ජල තරඟ ලෙසින් ධූලි වලා අතරින්
- රථ සේනා මෙහෙයවපං මෙතැනින්
ඝන මේඝ වලා වසින ලෙසින් ඊතල වරුෂාව
- තදින් වස්සාලව අතනින්
එහෙට මෙහෙට විසුරුවමින් ආයුධ ලෙලදෙමින් අත්
- තොපගේ පහර දෙව් සැණින්
පවුරු යදම් සිඳ බිඳගෙන යන්ට සුදුසු ලෙස
- තක්සිල නුවර ම වටකරපන්

(2)

දැඩි වේග බලය ගෙන හැඩිදැඩි දුවපන්,
- ගොස් ආයුධ ගෙන පැනපන්

හඬ දීගෙන යුදබෙර සජ්ජිත ඇත් දළ පහරින්
- දොරටුව පෙරලා දමපන්
හෙන පුපුරන හඬ තල මැද මහ ජයගොස
- හඬ දීගෙන හැම තැතිගන්වාපන්
කලු මේඝ වලා මැද විහිදෙන ගිනිදැල් විහිදෙන ලෙස
- මුළු රජය ම අල්ලාපන්

මේ විදිහට ගර්ජනා කරගෙන ඇවිත් නගර ද්වාර මණ්ඩපය ළඟට ආවා. "මේකෙද උඹලාගේ රජ්ජුරුවෝ වසන්නේ?" කියලා ඇසුවා. "අපොයි නෑ.... මේ නගර ද්වාර කොටුව. අපේ රජ්ජුරුවන්ගේ ප්‍රාසාදය තව ඇතුලේ තියෙන්නේ. ඒක සක්දෙවිඳුගේ වෛජයන්ත ප්‍රාසාදය වගෙයි" කියලා කිව්වා. එතකොට බඹදත් රජු හොඳටෝම භය වුනා. ද්වාර කොටුව මෙහෙම නම් මෙවැනි කෙනෙකු සමග යුද්ධයක් කරන්ට පුළුවන් කමක් නෑ" කියලා එතැනින් හැරී බරණැස දක්වා ම පලාගියා.

එදා තක්ෂිලා රජ්ජුරුවන්ගේ ද්වාරකොටුව දැකලා පලාගිය බඹදත් රජු තමයි අද පලාසී පිරිවැජියා වෙලා ඇවිත් ඒ වැඩේ ම කළේ. එදා තක්ෂිලා රජතුමා මම යි" කියා භාග්‍යවතුන් වහන්සේ මේ ජාතකය නිමවා වදාළා.

10. දුතිය පලාසී ජාතකය

පලාසී නමැති තවත් පරිබ්‍රාජකයෙකුගේ දෙවැනි කතාව

පින්වතුනේ, පින්වත් දරුවනේ,

ඒ දිනවල අපගේ භාග්‍යවතුන් වහන්සේ වැඩ වාසය කොට වදාළේ සැවැත්නුවර ජේතවනයේ.

කලින් කතාවේ වගේ ම පලාසී නමින් එක්තරා පිරිවැජියෙක් මහා ඝෝෂාවක් කරගෙන භාග්‍යවතුන් වහන්සේ සමග වාද කරන්ට එනවා කියලා ජේතවනාරාමය ඇතුලට ගියා. ඒ අවස්ථාවේ ලෝකනාථ වූ අපගේ භාග්‍යවතුන් වහන්සේ මනෝසීල පර්වත මුදුනේ සිට මහා සිංහනාද පවත්වන සිංහරාජයෙක් වගේ අලංකාර බුද්ධාසනයේ වැඩ හිඳ සිව්වණක් පිරිසට ආර්ය සත්‍ය ධර්මය දේශනා කරමින් සිටියා. පිරිවැජියා ඇවිත් භාග්‍යවතුන් වහන්සේ දෙස බැලුවා. මහා බ්‍රහ්මරාජයාට බඳු ප්‍රතාපවත් සිරුරකින් යුතු, රන්වන් පැහැයෙන් බබළන, බැලූ බැලූ නෙත් වෙනතකට නොයන අභිනීල සුවිසල් නෙත් යුග ඇති, පුන් සඳ මඬල වැනි අනන්ත ශෝභාවෙන් දිලි මුව කමල ඇති, බබළන මහා පුරුෂ ලකුණු ඇති භාග්‍යවතුන් වහන්සේගේ මුහුණේ සිරියාව දුටු ගමන් පලාසියා තැති ගත්තා. 'හප්පේ..... මෙබඳු උත්තමයෙකු පරදා මං දිනන්නේ කොහොමෙයි?' කියලා සෙනඟ අතරට වැදී පලා ගියා. මහජනයා ඔහුව අල්ලාගන්ට පසුපසින් පන්නලා හැරිලා ඇවිත් භාග්‍යවතුන්

වහන්සේට එය සැළකළා. "උපාසකවරුනි, තථාගතයන්ගේ මුව දැක තැති අරගෙන පලායාම පුදුමයක් නොවේ. ඔයිට කලින් ආත්මෙකත් ඔය පුද්ගලයා මගේ මුව දැකලා හොඳටම භයවෙලා පලා ගියා" කියා භාග්‍යවතුන් වහන්සේ මේ අතීත කතාව ගෙනහැර දක්වා වදාළා.

"උපාසකවරුනි, ගොඩාක් ඉස්සර කාලෙක බෝධිසත්වයෝ බ්‍රහ්මදත්ත නමින් බරණැස රාජ්‍ය කළා. ඔය කාලේ ගන්ධාර රටේ තක්ෂිලාවේ හිටිය එක් රජෙක් බරණැස අල්ලාගන්ට ඕනෑ කියලා චතුරංගිනී සේනාව අරගෙන ඇවිත් බරණැස් නගරය වට කළා. නගර ද්වාරයේ සිට තමන්ගේ බලසෙන් දෙස බලමින් මෙවැනි බලසේනාවක් ජයගන්ට පුළුවන් සමතා කවුද? කියලා වහසි බස් දොඩමින් මේ ගාථාව කිව්වා.

(1)

මගෙ රථ මත මයුරපාද
- කැටයම් ඇති කණුවල
- එසැවූ ධජ දිලිසෙයි
අපමණ ඇත් අස් පිරිවර
- මහාසයුරු රළ පෙළ ලෙස
- කෙළවර නොපෙනෙයි
දැඩි සුළඟට නොසැලෙන
- ගිරිකුළු ලෙස සිව්රඟසෙන්
- කිසි විටකත් නොසැලෙයි
මා වැනි මේ දැඩි එඩි බල ඇති
- රජෙකුව පැරදිය හැකි අය
- මෙදියත නොසිටියි

එතකොට බෝධිසත්වයෝ පුන්සඳ සේ ශෝභාවෙන් බබළන තමන්ගේ මුහුණ දක්වා මෙසේ

පැවසුවා. "එම්බල අඥානය, කැනුගහ සිටු. මද වැගිරෙන ඇත් රජෙක් බට වනයක් පොඩි කරන්නැහේ තොපගේ ඔය බලසෙන් වනසා දමන්ට මට වැඩි වෙලාවක් යන්නේ නෑ" කියා මේ ගාථාව පැවසුවා.

(2)

එම්බල බාලය තොපගේ
- ළාමක බව ඉස්මතු වන
- බොරු ප්‍රලාප නොකර සිටින්
මගේ රජය ගන්ට කෙනෙක්
- මේ දඹදිව නැති වග තොප
- දැන්වත් හොඳට හිතට ගනින්
පහර කන්ට පළමු මගෙන්
- හනිකට තොප පිරිවර ගෙන
- ආ මගින් ම පැන පලයන්
එහෙම නැතොත් මම වනසමි
- තොප සැමදෙන බටවනයක් පොඩි කරනා
- මද කිපි ඇත් රජෙකු ලෙසින්

බ්‍රහ්මදත්ත රජ්ජුරුවන්ගේ අභීත ගර්ජනාව අසා ගන්ධාර රජු ඒ දෙස බැලුවා. රන්පටක් සේ දිලෙන මහා නළල්පටින් යුතු, දුටු දුටුවන් වශීකෘත වන රජුගේ මුහුණ දුටු ගමන් ඔහු භයට පත් වුනා. තමන්ව අල්ලා ගනීවි යන බියෙන් පලා ගොස් ගන්ධාර රටට ම ගියා.

එදා ගන්ධාර රජුව සිටියේ අද පලාගිය පලාසී පිරිවැජියා. එදා බරණැස් රජුව සිටියේ මම යි" කියා භාග්‍යවතුන් වහන්සේ මේ ජාතකය නිමවා වදාළා.

අටවැනි කාසාව වර්ගය යි.

මහාමේඝ ප්‍රකාශන

ත්‍රිපිටක පොත් වහන්සේලා :

01. දීඝ නිකාය 1 කොටස (සීලක්ඛන්ධ වර්ගය)
02. දීඝ නිකාය 2 කොටස (මහා වර්ගය)
03. දීඝ නිකාය 3 කොටස (පාථික වර්ගය)
04. මජ්ඣිම නිකාය 1 කොටස (මූල පණ්ණාසකය)
05. මජ්ඣිම නිකාය 2 කොටස (මජ්ඣිම පණ්ණාසකය)
06. මජ්ඣිම නිකාය 3 කොටස (උපරි පණ්ණාසකය)
07. සංයුත්ත නිකාය 1 කොටස (සගාථ වර්ගය)
08. සංයුත්ත නිකාය 2 කොටස (නිදාන වර්ගය)
09. සංයුත්ත නිකාය 3 කොටස (ඛන්ධක වර්ගය)
10. සංයුත්ත නිකාය 4 කොටස (සළායතන වර්ගය)
11. සංයුත්ත නිකාය 5 කොටස (මහා වර්ගය - 1)
12. සංයුත්ත නිකාය 5 කොටස (මහා වර්ගය - 2)
13. අංගුත්තර නිකාය 1 කොටස (ඒකක, දුක, තික නිපාත)
14. අංගුත්තර නිකාය 2 කොටස (චතුක්ක නිපාත)
15. අංගුත්තර නිකාය 3 කොටස (පඤ්චක නිපාත)
16. අංගුත්තර නිකාය 4 කොටස (ඡක්ක, සත්තක නිපාත)
17. අංගුත්තර නිකාය 5 කොටස (අට්ඨක, නවක නිපාත)
18. අංගුත්තර නිකාය 6 කොටස (දසක, ඒකාදසක නිපාත)
19. ඛුද්දක නිකාය 1 කොටස (ඛුද්දකපාඨ පාළි, ධම්මපද පාළි, උදාන පාළි, ඉතිවුත්තක පාළි)
20. ඛුද්දක නිකාය 2 කොටස (විමාන වත්ථු , ප්‍රේත වත්ථු)

ධර්ම දේශනා ග්‍රන්ථ :

01. කියන්නම් සෙනෙහසින් මිය නොයන් හිස් අතින්
02. තෝරාගනිමු සැබෑ නායකත්වය
03. පැහැදිලි ලෙස පිරිසිදු ලෙස දෙසූ සේක සිරි සදහම්
04. දම් දියෙන් පණ දෙව් විමන් සැප
05. බුදුවරුන්ගේ නගරය
06. සයුර මැද දූපතක් වේ ද ඔබ...?
07. ගිහි ගෙයි ඔබ ඇයි?
08. මෙන්න නියම දේවදූතයා
09. ආදරණීය වදකයා
10. සයුරේ අසිරිය ධර්මයේ
11. විෂ නසන ඔසු
12. සසරක ගමන නවතන නුවණ
13. විස්මිත හෙළිදරව්ව
14. දිළිසෙන සියල්ල රත්තරන් නොවේ
15. අනතුරින් අත්මිදෙන්නට නම්...
16. අතරමං නොවීමට...
17. සුන්දර ගමනක් යමු
18. කවදා නම් අපි නිදහස් වෙමුද?
19. ලෙඩ දුක් වලින් අත්මිදෙමු
20. ලෝකය හැදෙන හැටි
21. යුද්ධයේ සුළමුල
22. රහතන් වහන්සේ මරණින් මතු ඇත නැත
23. නුවණැස පාදන සිරි සදහම්
24. මරණය ඉදිරියේ අසරණ නොවීමට නම්
25. අපේ නව වසර බුද්ධ වර්ෂයයි
26. හේතුවක් නිසා
27. අවබෝධ කළ යුතු ධර්මය මෙයයි
28. සැබෑ බිරිඳ කවුද?
29. පහන් සිළ නිවෙන ලෙස පිරිනිවී වැඩි සේක
30. සසරට බැඳෙමුද සසරින් මිදෙමුද?
31. රහතුන්ගේ ධර්ම සාකච්ඡා
32. සැබෑ දියුණුවේ රන් දොරටුව
33. බලන් පුරවරක අසිරිය
34. මමත් සිත සමාහිත කරමි බුදු සමිඳුනේ...
35. එළිය විහිදෙන නුවණ
36. සැබෑ ශ්‍රාවකයා ඔබද?

පූජ්‍ය කිරිබත්ගොඩ ඤාණානන්ද ස්වාමීන් වහන්සේ විසින් රචිත
සියලුම සදහම් ග්‍රන්ථ සහ ධර්ම දේශනා ලබාගැනීමට

ත්‍රිපිටක සදහම් පොත් මැදුර

අංක 70/A/7/OB, YMBA ගොඩනැගිල්ල, බොරැල්ල, කොළඹ 08
දුර : 077 47 47 161 / 011 425 59 87
ඊ-මේල් : thripitakasadahambooks@gmail.com

www.ingramcontent.com/pod-product-compliance
Lightning Source LLC
Chambersburg PA
CBHW060709030426
42337CB00017B/2809
* 9 7 8 9 5 5 6 8 7 1 3 8 8 *